図解 よくわかる
自治体の契約事務のしくみ

樋口満雄［著］

学陽書房

はしがき

　本書では、自治体職員に向けて、自治体の財務会計制度の全体像、さらには、契約に関係する法令等の全体像をわかりやすく図解するとともに、自治体契約の制約と特徴を解説しています。そのうえで、契約制度を構成する個々のしくみについて、フロー図などを用いて解説しています。この本を読むことによって自治体実務の基本である財務会計制度と契約実務を体系的に理解できるメリットがあります。

　自治体業務は、大きく「行政処分」「行政契約」「その他」に分けることができます。行政処分は、役所が一方的な判断で物事を決定することで、権利を設定し、義務を命じ、その他法律上の効果を発生させます。身近な例でいえば、住民税・固定資産税の納税額決定や介護保険料の決定などがあります。施設の使用許可、違反建築物の除却命令、生活保護の決定なども該当します。

　これに対して、行政契約に関わる業務は、市民、事業者及び市民活動団体など多くのパートナーとの協力関係で成り立っています。自治体業務の外部委託、物品の購入、複写機やパソコンのリース、学校給食の材料購入、電気・ガスなどの使用、道路の設計・建設、公園の整備、コミュニティ施設の管理委託、保育園の運営委託など市民生活に欠かせない業務の大半が行政契約に関わる業務です。

　自治体職員の日常業務は、契約に関わる業務であるといっても過言ではありません。契約事務は、自治体が市民サービスを提供するうえで欠かせない事務であり、自治体業務のあらゆる分野に共通する業務であることも特徴の1つです。したがって、契約事務を理解することは、自治体業務を執行するためのスタ

ートラインになるわけです。

　契約事務は、自治体財務会計制度の重要な部分を占める事務です。自治体財務会計制度は「予算→予算執行→決算」の一連の業務に関わるルールで成り立っています。自治体業務の財源は、いうまでもなく市民からお預かりした税金、使用料・手数料などで構成されています。自治体が国・都道府県から交付を受ける補助金、地方交付税なども、もとは国民の負担した税金です。これを「予算」という形でコントロールしながら、市民サービスに変化させていくときに、財務会計制度のルールが適用されます。このルールで重要な位置を占めるのが契約事務になります。

　契約事務に伴う支払財源は、主として市民の税金です。したがって、契約事務では、透明性の確保を前提に、公平性・公正性を確保しなければなりません。しかし、過去から現在にいたるまで、全国で契約事務をめぐる不正事件が多発しています。職員による予定価格の漏洩、最低制限価格の漏洩、契約事務に便宜を図る収賄、公金横領、利益供与などの事件は、市民の信頼を根底から損なう事件であり、根絶する努力が必要です。契約制度の運用にあたって、自治体職員には、不正防止の責務も課されています。そのためにも契約制度の理解と改善が重要になってきます。本書が、不正事件の根絶に向けて、少しでもお役に立つならば、著者として望外の喜びです。

　本書が自治体職員の実務能力の向上とともに、日常的な契約事務の効率性を高めるための一助になることを願っています。

　　　　　　　　　　　　　　　　　　令和元年7月
　　　　　　　　　　　　　　　　　　　樋口　満雄

図解 よくわかる 自治体の契約事務のしくみ

もくじ

第1章 契約を制すものは財務会計を制す
1　契約実務は財務会計制度運用の基礎 …………………… 10
2　財務会計制度を理解するためのポイント …………………… 12
3　財務のわかる職員を目指せ …………………… 14

第2章 地方財務会計制度と契約制度はつながっている
1　財務会計制度と契約事務 …………………… 18
2　契約事務の法令上の規定 …………………… 20

第3章 自治体契約に関わる法令等の体系をつかむ
1　契約と関係法令 …………………… 24
2　契約と不正防止法令 …………………… 26
3　契約と自治体の例規 …………………… 28

第4章 自治体契約制度の全体像を知る
1　自治体の仕事は契約で成り立っている …………………… 32
2　自治体業務のための物品等の調達 …………………… 34
3　自治体業務のアウトソーシングと契約 …………………… 36
4　公共工事（土木・建築等）の契約 …………………… 38
5　財産の取得、売却の契約 …………………… 40
6　協働事業と契約 …………………… 42
7　市民サービスに関わる契約など …………………… 44

第5章　自治体契約事務の基本原則をおさえる

1　契約の基本原則 …………………………………… 48
2　契約とは何か ……………………………………… 50
3　信義誠実の原則とは ……………………………… 52
4　契約自由の原則とは ……………………………… 54
5　契約自由の原則の制約 …………………………… 56
6　予算がなければ契約はできない ………………… 58
7　一般競争入札が原則 ……………………………… 60
8　長期継続契約とは ………………………………… 62

第6章　予算執行と契約実務の流れを理解する

1　予算執行の手続きと契約 ………………………… 66
2　契約締結と議会の議決 …………………………… 68
3　入札参加資格 ……………………………………… 70
4　契約の相手方を選ぶ方法 ………………………… 72
5　業者選定委員会等の運営 ………………………… 74
6　契約事務の決裁権限 ……………………………… 76
7　単価契約とは ……………………………………… 78
8　見積合わせと入札 ………………………………… 80
9　契約書と請書 ……………………………………… 82
10　請負契約と委託契約 ……………………………… 84
11　契約書と印紙税の関係 …………………………… 86
12　リース契約の運用 ………………………………… 88
13　複数年度契約の活用 ……………………………… 90
14　債務負担行為と契約制度 ………………………… 92

第7章　契約制度の運用と活用方法はこうなっている

1　発注方式の類型と特徴 …………………………… 96
2　一括発注と分離分割発注 ………………………… 98

3	共同企業体（JV）と組合制度 ………………………………	100
4	VE方式とCM方式の活用 ……………………………………	102
5	随意契約の運用 ………………………………………………	104
6	新商品特定随意契約認定制度 ………………………………	106
7	プロポーザル方式の活用 ……………………………………	108
8	総合評価方式の活用 …………………………………………	110
9	中小企業・地元企業の育成 …………………………………	112
10	発注時期の平準化 ……………………………………………	114
11	最低制限価格制度 ……………………………………………	116
12	低入札価格調査制度 …………………………………………	118
13	包括的管理委託契約の運用 …………………………………	120

第8章　公共工事のさまざまな入札実務

1	工事契約の基本的な流れ ……………………………………	124
2	適正化指針の位置づけ ………………………………………	126
3	建設業許可 ……………………………………………………	128
4	経営事項審査の手続き ………………………………………	130
5	工事契約等の情報提供システム ……………………………	132
6	一般競争入札の手続き ………………………………………	134
7	指名競争入札の手続き ………………………………………	136
8	公募型指名競争入札の手続き ………………………………	138
9	入札保証金制度 ………………………………………………	140
10	再度入札とくじによる落札 …………………………………	142

第9章　公共工事の契約実務のポイント

1	契約締結と契約保証金 ………………………………………	146
2	社会保険加入ガイドライン …………………………………	148
3	スライド条項の運用 …………………………………………	150
4	前払金・中間前払金保証制度 ………………………………	152

5	技術者の配置	154
6	工事の竣工検査	156
7	工事代金の支払と債権譲渡	158
8	工事成績評定	160

第10章　進化する契約制度の透明化と不正の防止策

1	予定価格の適正化	164
2	反社会的勢力の排除	166
3	談合情報への対応	168
4	（仮称）公契約条例制定への取組み	170
5	契約制度のさらなる改善	172

巻末資料

○自治体契約に関わる国からの通知等
○予定価格の適正な設定について（平成27年4月28日国・通知）
○市町村向け簡易型総合評価方式の評価基準及び得点配分の設定例
○契約制度の活用事例…旧小学校用地の売却
【法令名等略称】
自治法 ………………………………………………… 地方自治法
自治令 ………………………………………… 地方自治法施行令
入札契約適正化法 …　公共工事の入札及び契約の適正化の促進に関する法律
／適正化指針 … 公共工事の入札及び契約の適正化を図るための措置に関する指針
／入札談合等関与行為防止法 … 入札談合等関与行為の排除及び防止並びに職員による入札等の公正を害すべき行為の処罰に関する法律
独占禁止法 ………………… 私的独占の禁止及び公正取引の確保に関する法律
品確法 …………………………… 公共工事の品質の確保の促進に関する法律
支払遅延防止法 ……………… 政府契約の支払遅延防止等に関する法律
暴力団対策法 …………… 暴力団員による不当な行為の防止等に関する法律
社会保険加入ガイドライン　社会保険の加入に関する下請け指導ガイドライン
※本書では、都道府県・市区町村を総称して「自治体」と表記しています。

契約を制するものは
財務会計を制す

1. 契約実務は財務会計制度運用の基礎

●自治体業務と財務関連事務との関係

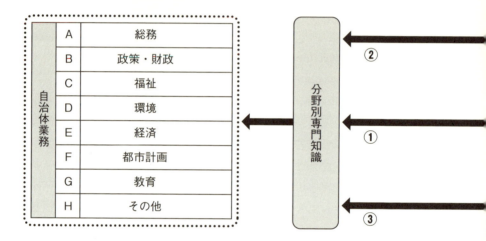

●一般行政事務の３つの柱

① 財務関連事務（契約事務含む）

市民サービスの提供には必ず予算の執行が伴い、日常的な契約業務など財務関連の事務は、正確性と効率性が求められます

② 文書（ドキュメント）の作成と管理

自治体の意思決定を記録に残すための大切な事務です。実務での「起案文書」は、簡潔でわかりやすさが求められ、文書作成能力が大切になります。

③ 補助金等の関連事務

補助金関連事務の「申請」から「実績報告」「監査」までの一連の事務を正確かつ効率よく行うことが求められます。

ポイント
契約事務は、自治体の財務会計制度を運用していく中で、特に重要な事務です。自治体の財務会計制度は、予算編成から決算までの一連の事務ですが、予算執行は、自治体のすべての業務に関連のある事務です。公文書作成事務及び補助金（申請から実績報告、監査まで）事務とともに、自治体の基礎的業務の3つの柱に位置付けられます。

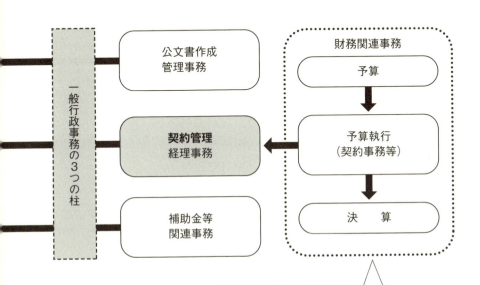

財務会計関連事務は、派手な事務ではありませんが、自治体経営を支える土台となる重要な事務です。財務会計に精通することは「縁の下の力持ち」になり、職員の基礎体力を高めることになります。

ココに注意！

「信頼を勝ち取るために」
　職員として上司から信頼され仕事を任せられることは、大きな喜びとともに、自分自身の励みになります。この信頼を勝ち取るためには、実務を正確に効率よく進めることが必要です。特に、自治体財務は公金を扱うとともに、契約行為が伴いますから、この分野で「信頼」を得ることは、次の大事な仕事を任せてもらえる可能性が広がります。合わせて、文書作成実務と補助金実務に精通していれば、「鬼に金棒」ですね。

2. 財務会計制度を理解するためのポイント

●「財務」の全体像

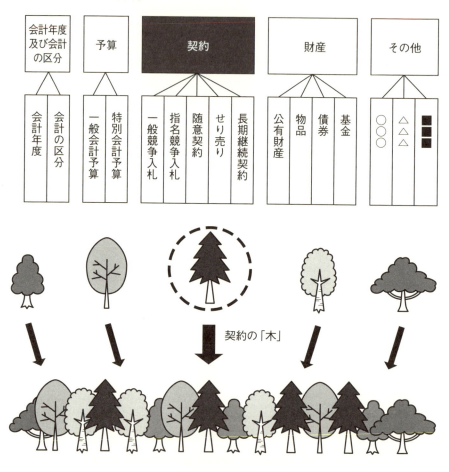

財務会計制度の[森]
契約事務も財務会計全体を見ることが大切なんですね。1つひとつの「木(制度)」が「森(財務会計制度)」を作っているのですね。

契約事務は、自治体の財務会計制度の一部です。契約事務を理解するためには、財務会計制度全体の理念及び体系を把握することが重要になってきます。また、契約制度自体にも、入札制度など項目別にルールがあることから、そのルールと事務の流れを把握し、個々の制度の理解を深めることが大切になります。

●財務会計制度を理解するためのポイント

 point　全体像と体系の把握

財務会計制度は、個々の知識が重要であることはもちろんですが、形式的に個々の制度を理解するのではなく、全体像を理解することが、重要です。

 point　理論で理解する

契約制度を含む財務会計制度の理解は、制度化されている理由を把握することによって、失念を防止できるとともに、制度の運用や応用につなげることができます。

 point　原則と例外で比較する

最初に、原則となる制度を理解し、次に原則と例外を対比して理解することは有効です。契約制度の原則は「一般競争入札」であり、例外の制度が「指名競争入札」「随意契約」「せり売り」です。
それぞれの違いは、後述します。

ココに注意！

「支出の原則」
　支出の三原則は「①債権者の確定」「②債務金額の確定」「③債務履行時期の到来」で、これが確定払いです。実務では「資金前渡」「概算払」「前金払」「繰替払」「隔地払」「口座振替払」の例外制度が設けられています。三原則のいずれかが該当しないので「支出の特例」と呼びます。比較すると覚えやすいですね。

3. 財務のわかる職員を目指せ

●自治体職員に求められる３つの能力と資質

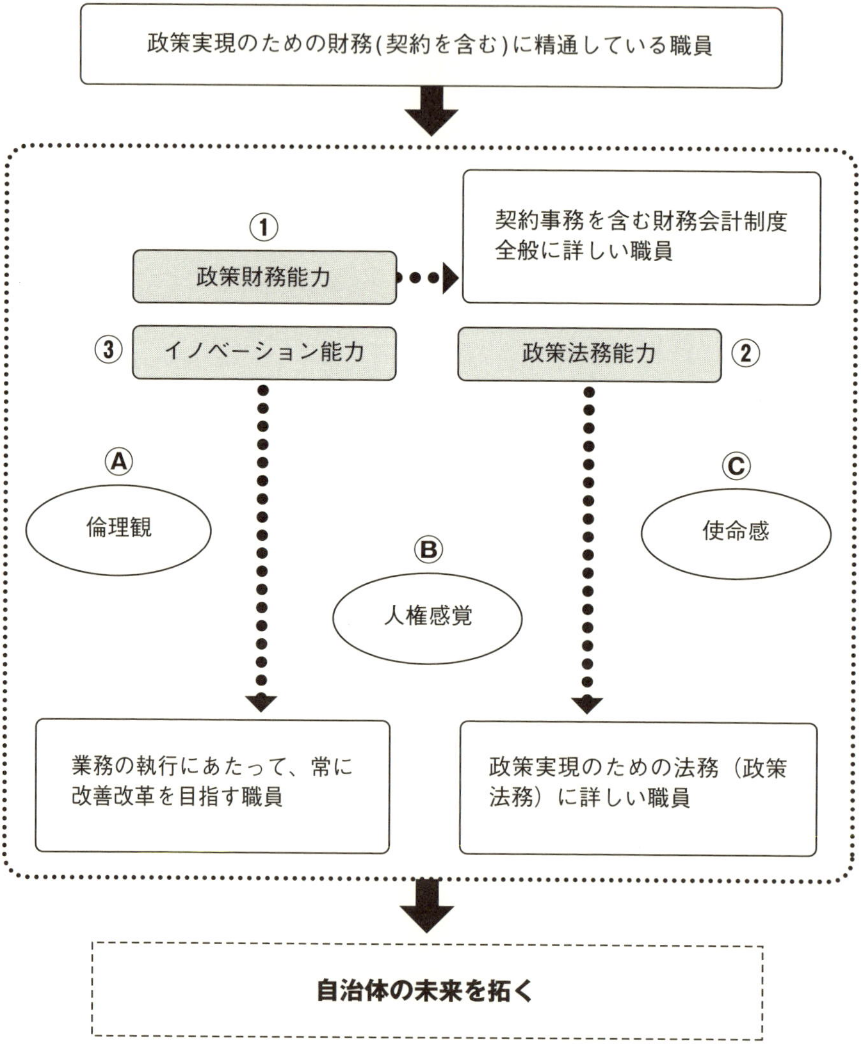

政策実現のための財務(契約を含む)に精通している職員

① 政策財務能力 ･･･▶ 契約事務を含む財務会計制度全般に詳しい職員

③ イノベーション能力　　政策法務能力 ②

Ⓐ 倫理観　　Ⓑ 人権感覚　　Ⓒ 使命感

業務の執行にあたって、常に改善改革を目指す職員

政策実現のための法務（政策法務）に詳しい職員

自治体の未来を拓く

> **ポイント**　契約事務を含む財務の業務は、自治体業務全般に共通する業務です。この業務を「正確に」そして「効率的に」実施できれば、職員として信頼され、大きな仕事も安心して任せられることにつながります。まちづくりへの熱意を忘れず、財務の知識に詳しい職員になりましょう。

●職員の熱意が自治体をつくる

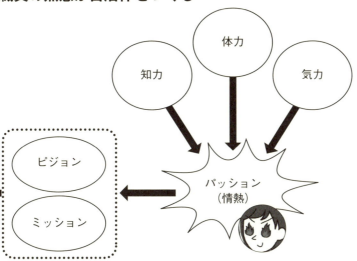

- ※**パッション**　自治体職員には、まちづくりに対する情熱・熱意が大切です。
- ※**ビジョン**　目標・夢・未来への方向性を考えることで、まちづくりがすすみます。
- ※**ミッション**　使命・目的・役割を意識することで、まちづくりがすすみます。

> **ココに注意！**
> 「事務の間違いを減らそう」
> 　財務（経理）の仕事で特に重要なのは、仕事の正確性です。1つの間違いは、その間違いの訂正・修復に多くの時間を要することになります。そして、関係部署や関係者に迷惑をかけることになります。また、財務の仕事は、お金の収入や支払いに関連しますから、間違いは市民、事業者の信頼を損なうことになります。
> 　事務のミスを徹底してなくす努力が必要ですね。

トピックス

長期継続契約と債務負担行為の違い

　自治体の契約には、複写機やパソコンのリース契約、電気・ガス・水道の使用契約、数年にわたる調査委託契約、保育園の運営委託契約など、複数年度（3年～7年等）にわたる契約がたくさんあります。実際の支払いは、当該年度の歳出予算の執行として契約の相手方に支払われます。

　このような実務が可能となる財務会計制度として、自治法第9章（財務）の規定に長期継続契約（自治法第234条の3）と債務負担行為（自治法第214条）があります。いずれも、複数年度の契約が可能であり、会計年度を超えた契約として定着している制度です。しかし、両者には大きな違いがあることを認識しつつ制度の運用を行わなければなりません。

　長期継続契約は契約制度であり、予算ではありませんから、議会の議決の必要がありません。一方、債務負担行為は、予算そのものであり、議会の議決が必要になります。事業名、年度、限度額が議決事項ですから、この範囲であれば、契約事務を行うことができます。債務負担行為が議決されていれば、当該年度の歳出予算が議会で否決されることはありません。

　一方、長期継続契約の運用範囲は条例の規定によりますが、仮に複数年の契約が締結されても、議会がこの契約に伴う歳出予算を削除又は減額した場合は、契約が解除されることになります。この意味では、契約の相手方は、非常に不安定な立場に置かれることになります。

　さらに、両方の制度とも件数が多くなれば、その契約管理、執行管理が重要になってきます。

　自治法上、長期継続契約には何ら規定はありません。債務負担行為は、予算の附属書類として「債務負担行為に関する調書」が法定されていますから、議会の審査の対象となるとともに、将来の債務負担行為の限度額は、決算状況調査（決算統計・決算カード）でも明らかになります。

　どちらの制度を積極的に運用するかは、自治体の判断によりますが、予算及び契約制度の透明性・安定性の確保の点から、筆者は債務負担行為の積極的な活用を推奨します。もちろん、将来の自治体負担につながりますから、財政見通しなど慎重な検討が必要なことは言うまでもありません。

地方財務会計制度と契約制度はつながっている

1. 財務会計制度と契約事務

●地方財政制度

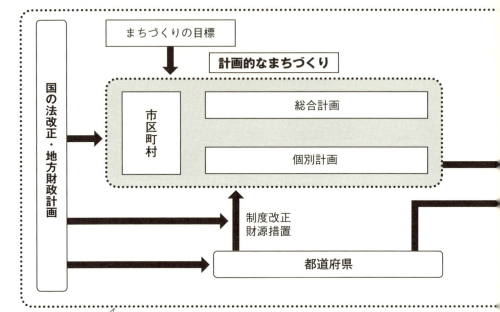

自治体の業務構造
◇自治体の業務構造は、自治体計画をもとにした毎年度の予算編成が基本です。
◇国の法律改正・地方財政計画は、実務対応も含め自治体に大きな影響があります。

ココに注意！

「PDCAを仕事に活かす」
　自治体活動の構造は「PDCA」サイクルが基本になっています。これを日常業務に活用することで、業務の効率化、ミスの防止などを図ることができます。「毎朝の短時間のミーティング(P)」→「日常業務(D)」→「夕方のミーティング・業務振返り(C)」→「明日の予定と業務確認(A)」。この短時間のミーティングを継続して行うことによって、チーム(課・係)内の情報の共有化を図ることができます。

契約事務は、自治体の財務会計制度と密接な関係があります。また、地方財政制度を構成する重要な事務ですから、自治体活動の基本サイクルにおける契約事務の位置づけを把握することが重要となります。
下図においては、市区町村を中心にしたフローを示しています。

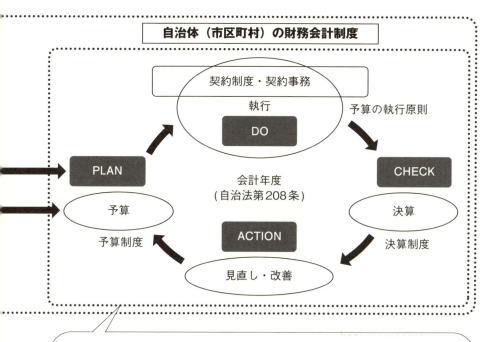

契約事務の位置づけ
◇自治体業務の構造をみると、自治法第208条（会計年度）の規定が活動の基本サイクルとなっており、その活動は、一会計年度の中で、予算を編成し、その予算を執行し、決算としてまとめることが基本となっています。
◇この基本サイクルは、「Plan（計画と予算）」「Do（予算執行）」「Check（決算と評価）」「Action（修正・改善）」と表現できます。（PDCAサイクル）
◇契約事務は、予算執行過程の最初の事務であり、予算の執行原則に従うことになります。

第2章 地方財務会計制度と契約制度はつながっている — 19

2. 契約事務の法令上の規定

〔関係条文等〕
自治法第9章（第208条～第243条の5）

●自治法第9章「財務」

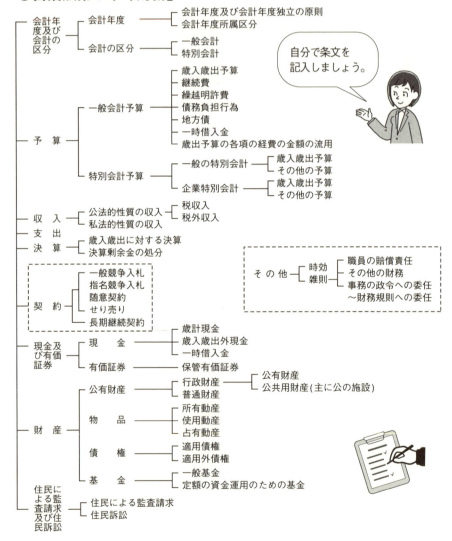

会計年度及び会計の区分
├ 会計年度
│　├ 会計年度及び会計年度独立の原則
│　└ 会計年度所属区分
└ 会計の区分
　├ 一般会計
　└ 特別会計

予算
├ 一般会計予算
│　├ 歳入歳出予算
│　├ 継続費
│　├ 繰越明許費
│　├ 債務負担行為
│　├ 地方債
│　├ 一時借入金
│　└ 歳出予算の各項の経費の金額の流用
└ 特別会計予算
　├ 一般の特別会計
　│　├ 歳入歳出予算
　│　└ その他の予算
　└ 企業特別会計
　　├ 歳入歳出予算
　　└ その他の予算

収入
├ 公法的性質の収入 ── 税収入
└ 私法的性質の収入 ── 税外収入

支出

決算
├ 歳入歳出に対する決算
└ 決算剰余金の処分

契約
├ 一般競争入札
├ 指名競争入札
├ 随意契約
├ せり売り
└ 長期継続契約

現金及び有価証券
├ 現金
│　├ 歳計現金
│　├ 歳入歳出外現金
│　└ 一時借入金
└ 有価証券 ── 保管有価証券

財産
├ 公有財産
│　├ 行政財産
│　│　├ 公有財産
│　│　└ 公共用財産(主に公の施設)
│　└ 普通財産
├ 物品
│　├ 所有動産
│　├ 使用動産
│　└ 占有動産
├ 債権
│　├ 適用債権
│　└ 適用外債権
└ 基金
　├ 一般基金
　└ 定額の資金運用のための基金

住民による監査請求及び住民訴訟
├ 住民による監査請求
└ 住民訴訟

その他
├ 時効
└ 雑則
　├ 職員の賠償責任
　├ その他の財務
　├ 事務の政令への委任
　└ ～財務規則への委任

自分で条文を記入しましょう。

ポイント 契約に関する規定は、自治法第9章「財務」に規定されており、自治体財務会計制度との関連が深いことがわかります。契約制度を理解するためにも、第9章全体を理解するようにしましょう。

自治法の規定の特徴
◇契約に関わる自治法の規定は、第234条（契約の締結）、第234条の2（契約の履行の確保）、第234条の3（長期継続契約）の3条のみです。
◇自治法の規定は、契約に関する基本事項のみが規定されています。これを逆に捉えれば、基本事項を遵守する範囲の中で、自治体の工夫できる範囲が極めて広いということができます。

自治令の規定
◇自治令の規定は、下図の通りですが、一般競争入札に適用されるルールが指名競争入札に準用される部分が多いので、対比表を作成するなどの工夫をしておくとよいでしょう。（➡の部分）

●自治法施行令　第5章「財務」

節	条文	見出し（規定されている内容）
第6節　契約	167条	指名競争入札
	167条の2	随意契約
	167条の3	せり売り
	167条の4	
	167条の5	➡ 一般競争入札の参加者の資格
	167条の5の2	
	167条の6	一般競争入札の公告
	167条の7	➡ 一般競争入札の入札保証金
	167条の8	一般競争入札の開札及び再度入札
	167条の9	一般競争入札のくじによる落札者の決定
	167条の10	一般競争入札において最低価格の入札者以外の者を落札者とすることができる場合
	167条の10の2	
	167条の11	➡ 指名競争入札の参加者の資格
	167条の12	指名競争入札の参加者の指名等
	167条の13	➡ 指名競争入札の入札保証金等
	167条の14	せり売りの手続
	167条の15	監督又は検査の方法
	167条の16	契約保証金
	167条の17	長期継続契約を締結することができる契約

ココに注意！
「法令と例規」
　法律と政令を総称して「法令」といいます。条例と規則を総称して「例規」といいます。「法令」と「例規」を合わせて「法令等」と表現されることが一般的です。

トピックス

指定管理者従業員が駐輪場使用料を横領…徴収委託業務の不正

　平成23（2011）年、東京K市において、自転車駐車場の指定管理者の従業員が一時利用の駐車料金を横領するという事件が発生しました。1回100円の料金の領収書を回収し、日付を改ざんして使いまわし、その差額を着服するという手口でした。着服の総額が特定できず、調査委員会の報告による推定額を指定管理者が支払うとともに、指定の取り消しで決着がついた事件でした。

　契約制度における不正事件や職員における公金の横領事件は全国で報告されていますが、指定管理者の従業員の横領は珍しいケースであったと思います。

　指定管理者の指定は、契約ではなく「行政処分」ですが、指定に伴う施設使用料について、制度上は、①利用料金制（使用料は指定管理者の収入となる）、②使用料の徴収委託（自治体の歳入となる）の2つがあり、この事件の場合は、後者の歳入の徴収委託（自治令第158条）により契約書を締結していたケースでした。

　自治法の規定では、歳入の徴収（調定）の権限は自治体の長であり歳入の収納（受領）の権限は会計管理者となっています。指定管理者の指定は長の権限であり、施設管理と使用料の徴収は密接に関係してきます。

　したがって、使用料の徴収・収納に関しては、長と会計管理者との実務的な連携・確認が必要なってきます。この事件は、自治体の契約制度は支出負担行為（歳出）に関係するものだけではなく、歳入の執行にも及び、歳出・歳入それぞれに公金の不正リスクが潜んでいるという教訓になったようです。

自治体契約に関わる法令等の体系をつかむ

1. 契約と関係法令

〔関係条文等〕
民法第2章（第521条～第696条）
自治法第9章（第234条～第234条の3）など

●一般法

民法（明治29年法律第89号) ──── 自治体の契約の場合

●公共工事に関連する法律等

公共工事の入札及び契約の適正化の促進に関する法律（平成12年法律第127号）

公共工事の入札及び契約の適正化を図るための措置に関する指針（平成13年3月9日閣議決定・令和4年5月20日一部変更）

法律は省略して「入札契約適正化法」と呼ばれます。公共工事に関わる基本原則が規定され、この法律に基づき、「公共工事の入札及び契約の適正化を図るための措置に関する指針（「適正化指針」と呼ばれる）」が閣議決定され、自治体に通知されています。

建設業法（昭和24年法律第100号） → 中央建設業審議会

社会保険の加入に関する下請指導ガイドライン（国土交通省）・平成24年11月1日施行・令和2年9月30日一部改訂

ココに注意！

「中央建設業審議会」
　建設業法第34条に基づいて設置された国土交通省の諮問機関です。入札参加資格の基準作成の権限を与えられていますので、工事契約標準約款などを公表しています。委員は20人、学識者と建設業者、発注元である自治体や企業の代表者から大臣が任命しています。

自治体の契約事務に関する法令は、一般法が「民法」であり個別法として「地方自治法」があります。しかし、契約制度全体に関係する法律は自治法以外にもたくさんあります。これらの法律の制定主旨等を把握しておくことも重要です。（下図はその一部です。）

● **個別法**

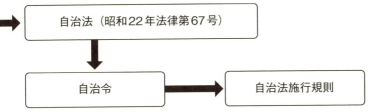

契約制度の運用に関係する法令

◇実際の契約制度の運用には、多くの法令が関係していますので、各法律の制定主旨を把握しておくことも必要です。

- 公共工事の品質確保の促進に関する法律
  （平成17年法律第18号）

- 暴力団員による不当な行為の防止等に関する法律
  （平成3年法律第77号）

- 公共工事の前払金保証事業に関する法律
  （昭和27年法律第184号）

- 政府契約の支払遅延防止等に関する法律
  （昭和24年法律第256号）

- 官公需についての中小企業者の受注の確保に関する法律
  （昭和41年法律第97号）

2. 契約と不正防止法令

〔関係条文等〕
 刑法（第96条の6第1項）
 入札談合等関与行為防止法第8条など

●不正防止法令の姿

```
入札談合等関与行為の排除及び防止    私的独占の禁止及び公正取引の
並びに職員による入札等の公正を害        確保に関する法律
すべき行為の処罰に関する法律         （昭和22年法律第54号）
（平成14年法律第101号）

刑法（明治40年法律第45号）        下請代金支払遅延等防止法
    第96条の6第1項              （昭和31年法律第120号）
  （公契約関係競売等妨害）
                               不当景品類及び不当表示防止法
                                  （昭和37年法律第134号）
```

入札談合等関与行為防止法等による談合情報への対応

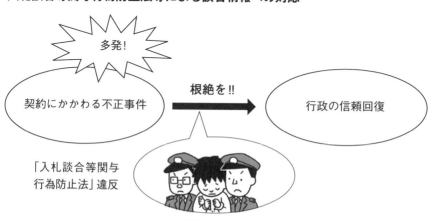

ポイント 過去から公共工事等をめぐって、不正事件が多発しています。発注側では、予定価格など情報漏洩による「官製談合」が発生、受注側でも「談合」事件が発生しています。自治体契約制度の運用には、不正防止対策が最重要課題となっています。

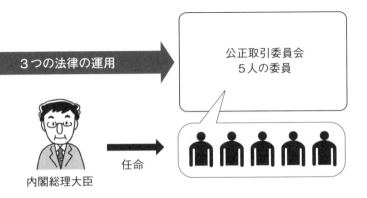

◇談合情報への対応などについては、公正取引委員会に相談することが重要です。公正取引委員会は、独占禁止法等を運用するために、昭和22（1947）年7月に設置された機関であり、内閣府の外局として置かれています。

ココに注意！

「職員による不正事件」

職員による不正事件の多くは、「入札談合等関与行為防止法」違反によるもので第8条（職員による入札等の妨害）の罰則が適用されます。

職員が行う売買、貸借、請負その他の契約の締結で、①事業者その他の者に談合をそそのかすこと、②事業者その他の者に予定価格その他の入札等に関する秘密を教示すること、③その他の方法により、当該入札等の公正を害すべき行為を行ったときは、5年以下の懲役又は250万円以下の罰金に処されます。

3. 契約と自治体の例規

●契約ルールの全体像

> 民法・自治法・入札契約適正化法・品確法・建設業法

自治体の条例

- 議会の議決に付すべき契約及び財産の取得又は処分に関する条例
- 長期継続契約を締結することができる契約に関する条例

自治体の規則・要綱等

- 制限付き一般競争入札実施に関する規則
- 工事請負契約に係る総合評価競争入札実施に関する要綱
- 建設工事に係る共同企業体取扱規程
- プロポーザル方式等による調達手続き実施要綱
- 参加希望型指名競争入札実施要領
- 低入札価格調査等取扱要綱
- 複数年度契約実施要綱
- 公共工事の前払金取扱要綱
- 公共工事の中間前払金取扱要綱
- 小規模工事設計施行実施要綱
- 小規模工事受注希望業者名簿制度実施要綱

> 自治体には、契約に関係する条例のほか、たくさんの契約関係のルールがあります。このようなルールをわかりやすくホームページなどで公開しておくことも大切ですね。

ポイント 契約事務は関係法令に基づく運用とともに、自治体独自の様々なルールづくりが行われています。法令から委任され制定した条例とともに、契約事務規則を中心とした各種の制度運用ルール及び施策関連条例の全体像を把握しておくことで、契約事務の適正化と効率化を図ることができます。（下図はその一部と事例です。）

入札談合等関与行為防止法・独占禁止法・暴力団対策法 など

自治体の規則・基準等

契約事務規則

財務
- 予算事務規則
- 支出負担行為事務規則
- 会計事務規則

- 指名競争入札参加者の指名基準
- 競争入札業者選定委員会規則
- 競争入札業者選定小委員会に関する内規
- 検査事務規程
- 談合情報取扱規程
- 予定価格公表基準
- 競争入札等参加資格者指名停止措置基準

各自治体独自の取り組み

- 公共調達（公契約）条例
- 暴力団排除条例
- 暴力団等排除措置要綱
- 職員倫理条例
- 政治倫理条例

施策関連条例

- まちづくり条例
- 環境基本条例
- 福祉基本条例
- 緑の確保に関する条例

ココに注意！

「契約の適正化・不正事件発生の抑止力としての条例」
　近年、公共契約に関わる基本理念を定めた「公共調達（公契約）条例」を制定する自治体が増加しています。また、契約等に関わる不正防止のため、多くの自治体で「政治倫理条例」「職員倫理条例」「暴力団排除条例」の制定がすすんでいます。

トピックス

電算システム開発委託において偽装請負事件が発生

　平成24（2012）年、A県B市において、電算システム開発委託における偽装請負が問題となりました。B市においては、住民基本台帳、税関係の基幹系システムのリニューアルを実施するため、プロポーザル方式により、業者選定を実施し業務委託契約を締結しました。

　仕様書に基づき、B市の担当係長と契約相手方であるC社との協議で開発がスタートしました。この作業過程の中で、B市の担当係長からC社の社員（SE等）に対して、様々な言動による指示が出されました。「今日はどうしてスタッフが2人しか来ていないのか」「どこまで進んだのか、どうして報告がないのか」「この部分は〇〇〇しないとだめだ」など、委託業務にも関わらず、自分の部下のような対応が続きました。

　ある日、C社の責任者からB市の担当部長に面談の申し入れがあり、今回の委託業務については「偽装請負」であるとして、法的手段も検討中であるとの強い抗議がありました。

　担当部長は、詳細の調査と再発防止を約束し事なきを得ましたが、この事例は、自治体契約の重要な課題を含んでいます。この事例のように、契約の形態は「業務委託契約」であっても、契約の内容は、民法第632条の「請負契約」であることが多いからです。「請負」とは、当事者の一方（請負者）がある仕事の完成を約し、相手方（注文者）がその仕事の結果に対して報酬を支払うことを内容とする契約のことをいいます。そのため、相手方に指揮命令権はありません。

　したがって、この事例のように発注者側の担当者の指揮命令は偽装請負とみなされますから、これはあってはならないことです。また、民法第643条（委任）、第656条（準委任）との違いにも注意が必要です。実務的には、仕様書の作成段階から、民法上の性格を意識しながら事務を進める必要があります。

自治体契約制度の全体像を知る

1. 自治体の仕事は契約で成り立っている

●自治体を取り巻く契約と相手先

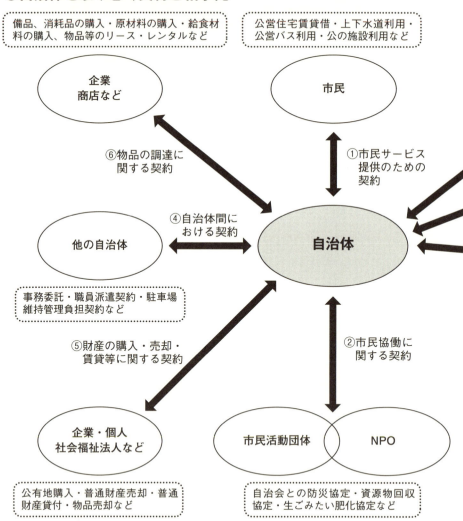

> **ポイント**
> 自治体業務は、契約なくしては成り立ちません。あらゆる分野の業務は、市民・市民活動団体・NPO・企業・指定管理者・社会福祉法人など、多様なパートナーとの契約により成り立っていることが分かります。今後も、より成熟した契約社会に向かうと考えられます。

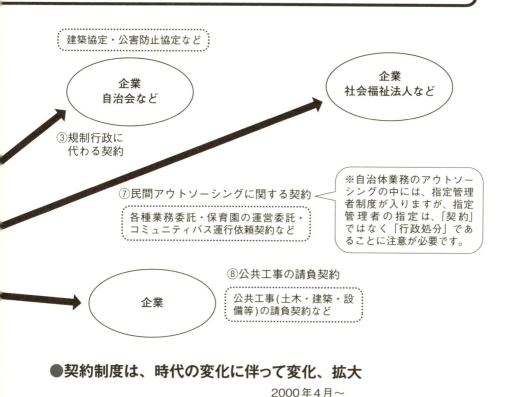

●契約制度は、時代の変化に伴って変化、拡大

措置の時代 → ※地方分権の流れ ※介護保険制度の開始 → 2000年4月～ 契約の時代 → 成熟した契約社会

> **ココに注意！**
> 「地方分権改革と介護保険制度」
> 2000年4月は、地方自治制度における大きな区切りとなりました。地方分権一括法が施行され、国と自治体は対等な関係になりました。同時に介護保険制度がスタートし、「措置から契約へ」「介護の社会化」「福祉の構造改革」といわれた時代でした。

第4章 自治体契約制度の全体像を知る ― 33

2. 自治体業務のための物品等の調達

●調達の流れ

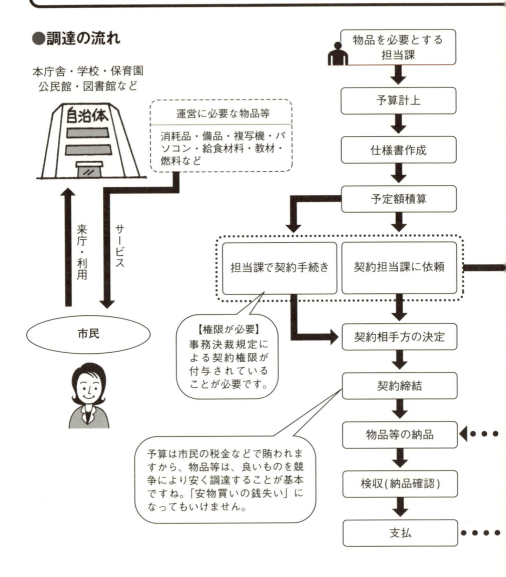

自治体は、庁舎などで行われる業務を通して住民票・戸籍などの行政サービスを提供しています。また、学校や保育園などの施設を運営し、公民館・図書館、道路・公園などの利用サービスを提供しています。これらの行政サービスを提供するための備品、消耗品などの調達も契約制度の運用で行われています。

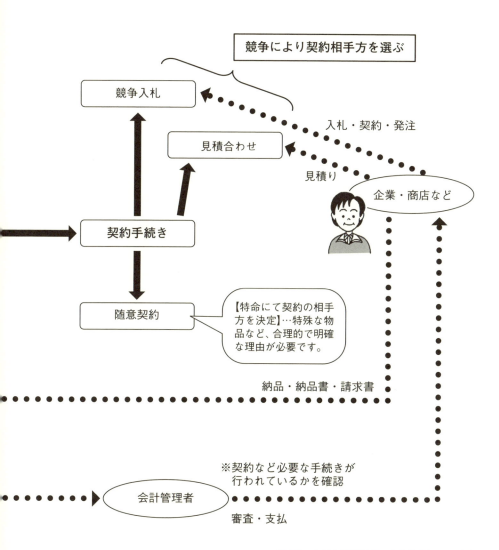

3. 自治体業務のアウトソーシングと契約

●アウトソーシングと契約の流れ

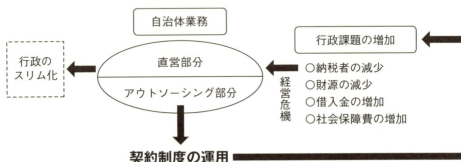

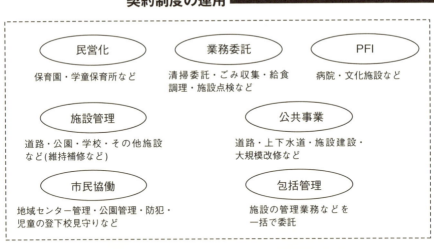

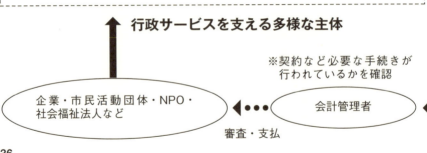

ポイント 社会構造の変化によって、様々な行政課題が増加するとともに、一方で行政サービスは時代の変化に伴って多様化しています。これに対応するためには、行政だけではない多様なサービスの担い手が必要になります。自治体業務のアウトソーシングは、契約制度の活用によって、行政サービスの担い手を選定することになります。

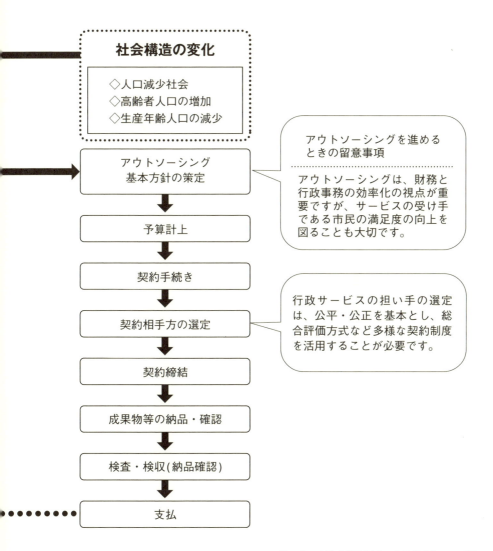

4. 公共工事（土木・建築等）の契約

●公共工事契約の流れ

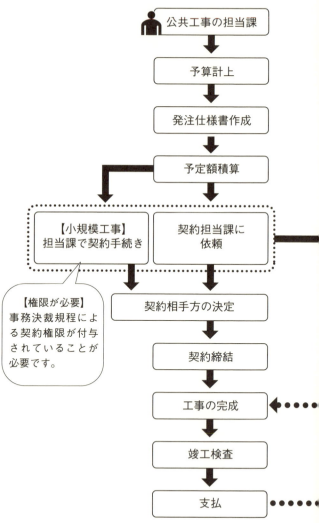

道路、公園など小規模な改修は、役所の職員が維持管理する場合もありますが、大規模な公共工事は、競争入札で民間企業に発注されます。地元経済や中小企業対策とも密接に関係してきますが、発注額が大きいので、多様な契約制度を活用した公正・公平で透明性のある手続きが必要となります。

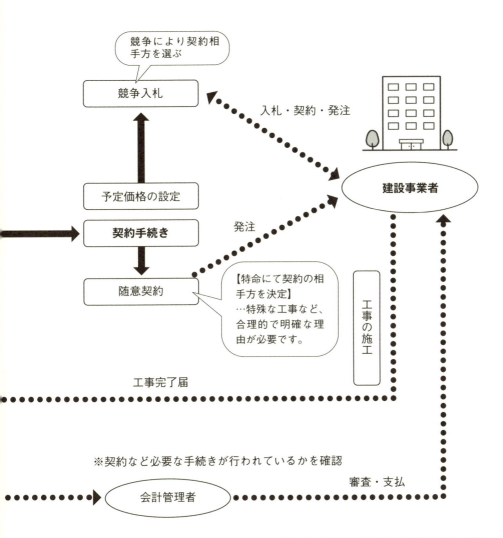

5. 財産の取得、売却の契約

〔関係条文等〕自治法第238条の4…行政財産の管理及び処分
　　　　　　　自治法第238条の5…普通財産の管理及び処分
　　　　　　　自治令第121条の2（別表第三・第四）…議会の議決

●財産の取得

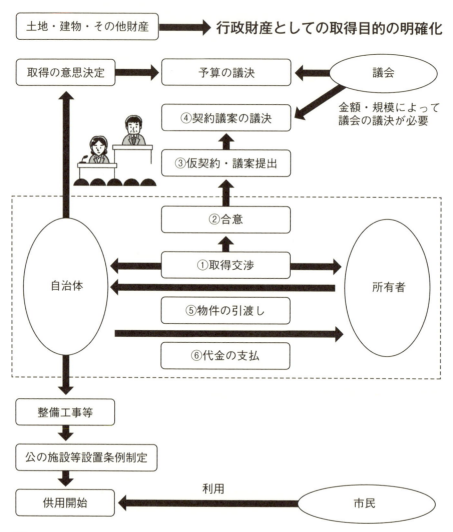

> **ポイント**
> 自治体は、土地・建物・設備備品等の財産を取得し、これを活用することで市民サービスの提供を行っています。財産は、行政財産と普通財産に区分され、適切な管理と処分を行わなければなりません。財産の取得及び処分には、その規模と金額によって契約案件としての議会の議決が必要となります。

● **財産の売却**

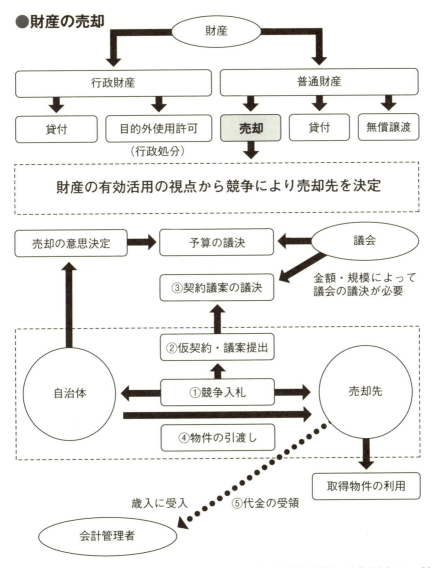

6. 協働事業と契約

〔関係条文等〕
「協働」は自治法等に定義はなく、各自治体の条例等に規定されています。

●協働事業と契約の流れ

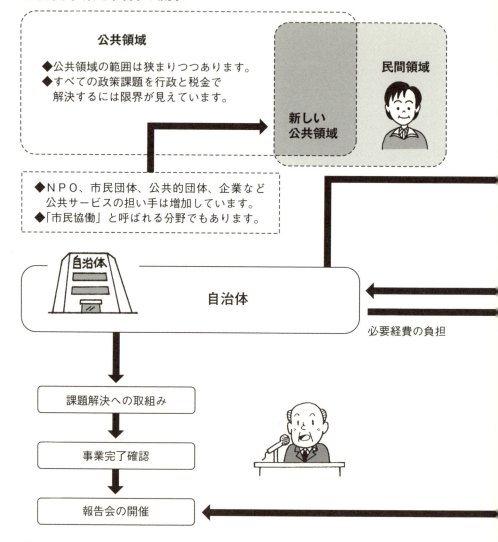

協働事業は、行政サービスを市民活動団体等の多様な担い手に委ねるもので、自治体の先駆的な取組みが全国に広がりを見せています。地域の政策課題は、必ずしも行政が直接実施しなくとも、その実態を把握しているNPOや市民活動団体に委ねることで、市民サービスの向上が図られます。これは、「新しい公共領域」とも呼ばれます。

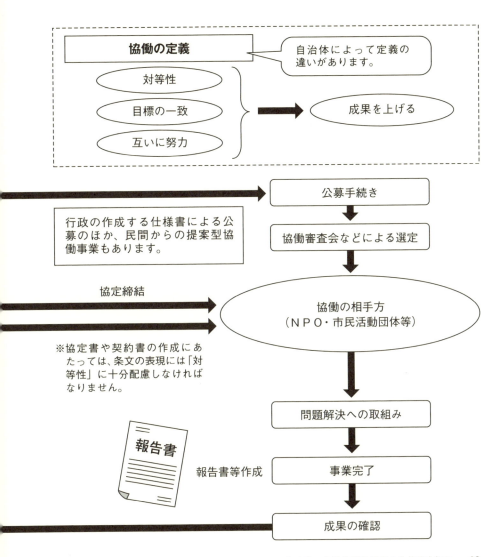

7. 市民サービスに関わる契約など

● 4つの契約の姿

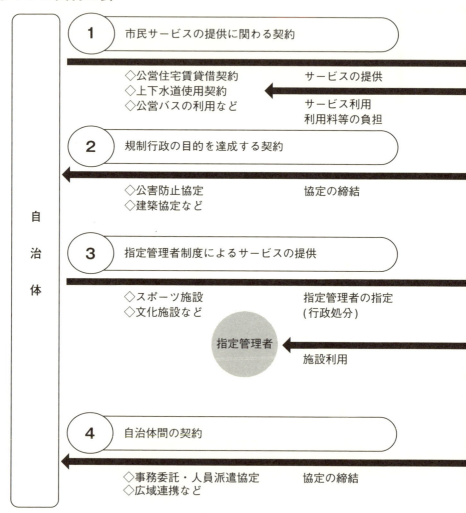

市民サービスの提供などに関わって、自治体の業務の多くは契約制度の運用が関係してきます。公営住宅では入居者との賃貸借契約が必要です。水道・下水道の使用も契約です。特殊なケースとして、自治会や企業と行政が締結する「建築協定」などもあります。

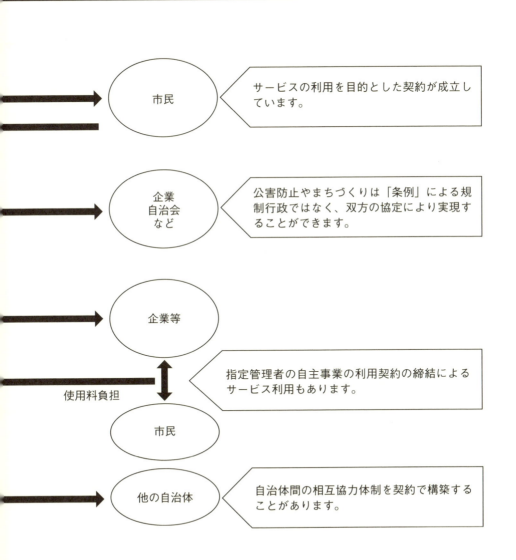

トピックス

ごみ収集委託契約において、受託業者が一方的に業務放棄

　平成18年（2006年）、東京K市において、1月31日にごみ収集委託業者G社から、いきなり「契約辞退届」が出されるという事件が発生しました。いきなりの委託業務の放棄といってもよいでしょう。もともとの契約期間は、平成17年4月1日から18年3月31日の1年契約でしたが、2カ月間の契約不履行が発生したことになります。

　担当は対応に追われ、とりあえず他の業者にG社のエリアの収集を打診し、市民に迷惑をかけることは回避できました。

　この事件のポイントは、①契約履行が確保できる適正な業者選定、②契約保証金の対応、③契約上の違約金の対応、④契約不履行による損害賠償請求への対応です。

　契約では価格のみによる指名競争入札が実施され、かなり安い金額で落札されています。また、前2年間の実績から契約保証金は免除されています。違約金については、不履行の2カ月分の10分の1が納付されましたが、議会の質疑では、全体契約額の10分の1ではないかという議論がありました。損害賠償請求については、その後、市が訴訟を提起し判決で426万円が認められましたが、G社は倒産して財産はなく、結果的には徴収不能で決算上は不能欠損処理がされました。判決までに約2年を要し、事件の後始末に契約担当は非常に苦慮した経過があります。

　自治体の契約では、契約相手方の契約不履行は、直接市民サービスに影響します。違約金など契約上の整理は当然ですが、安心して業務を委託できる業者の選定がいかに重要であるかという教訓になりました。

第5章

自治体契約事務の基本原則をおさえる

1. 契約の基本原則

〔関係条文等〕
民法第521条～第696条、自治法第234条～第234条の3

●契約の基本原則の構造

契約の基本（行政契約・民間契約）

↓

①権利能力平等の原則	②所有権絶対の原則	③私的自治の原則
全ての人(自然人)は、生まれながら平等に権利能力を有する。	人が物を所有することは絶対であるとして、私的所有権を認め、国家や他人がこれに干渉することはできない。	私的な法律関係(権利の取得や義務の負担)については、個人の自由意思に基づいてのみ決定することができる。

一般的な制約があります。

①契約締結の自由に対する制約	②契約内容の自由に対する制約	③契約方式の自由に対する制約

年度を超えた契約 ①継続費 ②債務負担行為 ③繰越明許費	例外	←	当該年度の歳出予算を執行	原則

ポイント 契約の基本原理は、民法にその規定があります。民間契約及び自治体契約も民法が適用されますが、自治体には、自治法の規定による自治体固有の制約があります。自治体の活動は、市民の税負担で行われることから、契約には、公平性・公正性・透明性が求められるからです。

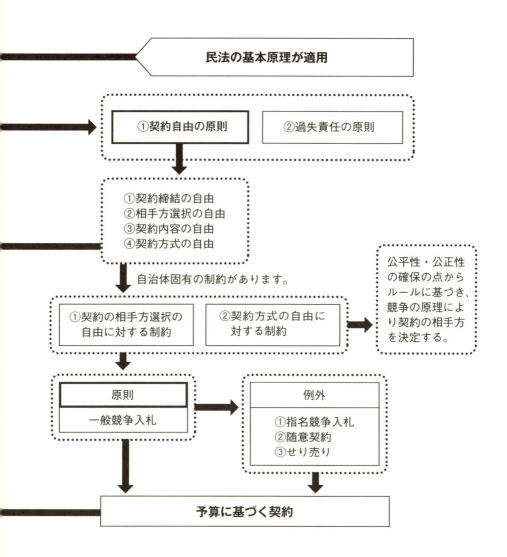

2. 契約とは何か

〔関係条文等〕
民法 第521条〜第696条、自治法第234条〜第234条の3

● 契約とは

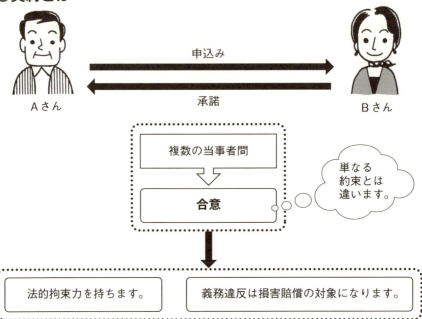

	合意性	法的拘束力	義務違反
約束	「申込み」と「承諾」によって成立する。	無	道義的責任・法的ペナルティはない。
契約		有	法的な強制力・損害賠償の対象になる。

○ 行政処分との違い

	合意性	法的拘束力	義務違反
行政処分	一方的な判断(※)	有	法的な強制力・罰則もある。
契約	複数の合意	有	法的な強制力・損害賠償の対象になる。

※飲食店の営業許可など当事者の申請に基づくものもあります(当事者の同意による行政処分)。

契約とは、「申込み」と「承諾」による複数の当事者間の合意により成立します。これは、単なる約束とは異なり、法的拘束力を持ちますから、当事者の「権利」と「義務」に関係してきます。契約は約束と違って、義務違反が生じた場合は、契約不履行として損害賠償の対象となります。行政処分との違いも把握しておきましょう。

● 自治体契約の事例

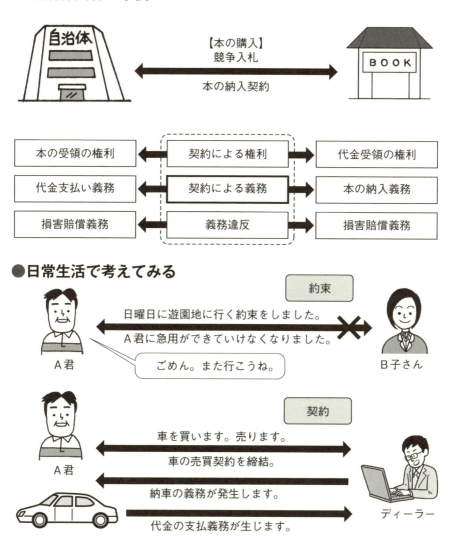

● 日常生活で考えてみる

3. 信義誠実の原則とは

〔関係条文等〕
民法 第1条第2項

●民法の基本原則

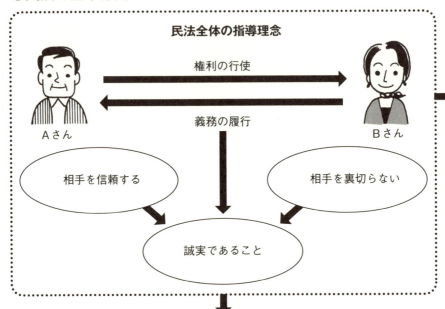

信義誠実の原則

　信義誠実の原則は、自分の権利を行使したり主張する場合や、義務を果たさなくてはいけない場合は、信義に従って誠実に行わなくてはならないという原則です。契約や取引などにおいては、他人を裏切ることなく、誠実に権利を主張し、義務を果たすように行動しなくてはなりません。このような考え方は、わざわざ法律に規定されるまでもなく、当然の考え方であるともいえます。

根拠条文

民法（基本原則）
第1条　私権は、公共の福祉に適合しなければならない。
２　権利の行使及び義務の履行は、信義に従い誠実に行わなければならない。
３　権利の濫用は、これを許さない。

ポイント 信義誠実の原則は「信義則」と表現され、民法全体の指導理念になっています。行政の仕事は、契約だけでなく多岐にわたっていますが、その関係者も市民だけでなく、関係団体や契約の相手方など広範囲にわたっています。これらの業務にあたって関係者への対応は「信義則」を基本としなければなりません。

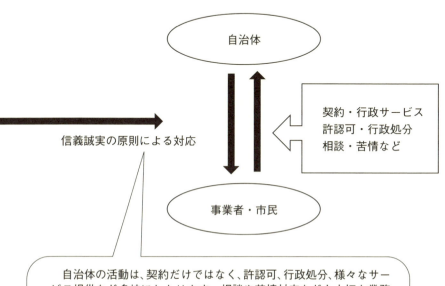

自治体の活動は、契約だけではなく、許認可、行政処分、様々なサービス提供など多岐にわたります。相談や苦情対応なども大切な業務です。これらすべての業務の執行にあたっては、「信義誠実の原則」に則った行動が求められます。

● **不正行為はあってはならない**

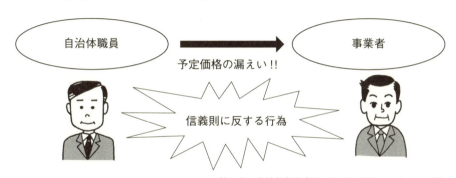

4. 契約自由の原則とは

〔関係条文等〕
民法全体の基本理念・原則

●民法全体の基本理念・原則

①権利能力平等の原則
全ての人(自然人)は、生まれながら平等に権利能力を有する。

②所有権絶対の原則
人が物を所有することは絶対であるとして、私的所有権を認め、国家や他人がこれに干渉することはできない。

③私的自治の原則
私的な法律関係(権利の取得や義務の負担)については、個人の自由意思に基づいてのみ決定することができる。

過失責任の原則

他人に損害を与えたとき、その損害が**故意**または**過失**がなければ、加害者が責任を負わないとする考え方です。

法律行為自由の原則

①契約自由の原則

②遺言自由の原則

個人の意思で自由に遺言を作成できる原則です。

●いくら自由といっても… 公共の福祉・公序良俗に反する契約はダメ!

入札を妨害して欲しい。

了解したぜ。

民法全体の基本理念・原則から「契約自由の原則」が導き出されます。契約自由の原則は「①締結の自由」「②相手方選択の自由」「③内容の自由」「④方法の自由」に整理されます。しかし、いくら自由といっても、公共の福祉に反する契約や公序良俗に反する契約は許されません。

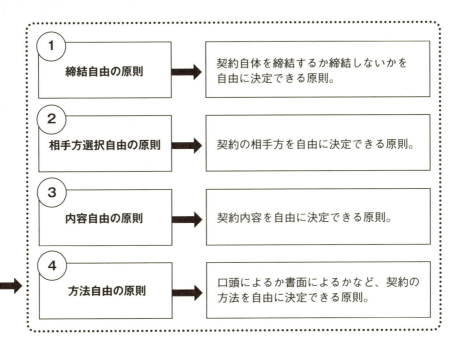

● 日常生活で考える

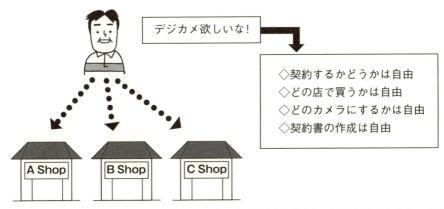

第5章 自治体契約事務の基本原則をおさえる — 55

5. 契約自由の原則の制約

〔関係条文等〕
自治法第234条～第234条の3

●契約自由の原則

一般的な制約があります。

- ①契約締結の自由に対する制約
- ②契約内容の自由に対する制約
- ③契約方式の自由に対する制約

1　契約締結自由の制約

電気・上下水道の契約、病院の診療など公益性等のある場合は、契約を拒否できません。ただし、感染症などの患者の診療を制約するなど、正当な理由があるときは契約を拒否することができます。

2　契約内容自由の制約

電気・ガス・上下水道料金などは、画一的な条件によって契約しなければなりません。利息制限法による上限金利の制限も契約内容自由の制約に該当します。

3　契約方式自由の制約

書面でなければ効力の生じない契約もあります。例えば、定期借地権の設定契約は、借地借家法の規定により「公正証書」の作成が必要です。

> 一定の社会ルールがあるんですね。

ポイント 契約自由の原則には、一般的な制約として「契約締結自由の制約」「契約内容自由の制約」「契約方式自由の制約」があります。これらは社会ルールを維持する面からの制約といえます。一方、自治体契約には、固有の制約があります。公共性という自治体契約の特殊性からの制約で、自治法の規定が根拠となります。

さらに　**自治体固有の制約があります。**　　自治法の規定

- ①契約の相手方選択の自由に対する制約
- ②契約方式の自由に対する制約

自治体の契約は公平性の確保から、契約の相手方を自由に選ぶことはできません。経済性の確保から、自治体に有利な価格を提示した相手方と契約を締結するのが基本となります。

公平性・公正性の確保の点から、ルールに基づき競争の原理により契約の相手方を決定する。

自治体の長が相手方となり、契約書を作成、記名捺印して契約が成立します。（自治法第234条第5項）

原則	一般競争入札

例外	①指名競争入札
	②随意契約
	③せり売り

公共工事の場合

◆契約書の様式
　公共工事標準請負契約約款（昭和25年2月21日中央建設業審議会決定）を使用します。

ココに注意！

「契約書に使われる「甲」と「乙」」
　契約書では、発注者（甲）、受注者（乙）の表記がされていますが、この「甲」「乙」の表記を廃止する自治体が増加しています。もともと「甲」「乙」等の表記は「十干」の表記「甲・乙・丙・丁・戊・己・庚・辛・壬・癸」がもとです。「甲」「乙」の表記が、序列を決める時に使われたり、優劣（上下）を決める意味を持つようになったことから、自治体実務にふさわしくないとの判断があるようですね。

6. 予算がなければ契約はできない

〔関係条文等〕自治法第208条、第210条～第222条など

● **予算と契約の関係**

予算がなければ　→　契約はできません。

予算とは？　→

議決の必要な予算は7つあります。
法…自治法

①歳入歳出予算（法第216条）
②継続費（法第212条・令第145条）
③債務負担行為（法第214条）
④繰越明許費（法第213条・令第146条）
⑤地方債（法第230条）
⑥一時借入金（法第235条の3）
⑦歳出予算の流用（法第220条第2項）

契約は？

原則	当該年度の歳出予算の範囲で契約
例外	年度を超えた契約
	①継続費
	②債務負担行為
	③繰越明許費

契約の手続きは、自治法第232条の3（支出負担行為）の手続きにより、予算の執行手続きの第一段階として行われます。

根拠条文

（支出負担行為）
第232条の3　普通地方公共団体の支出の原因となるべき契約その他の行為（これを支出負担行為という。）は、法令又は予算の定めるところに従い、これをしなければならない。

ポイント 自治体の運営は、予算に基づいています。契約手続きは、予算の執行段階の最初に行われますから、予算が確保されていることが前提になります。例外は「長期継続契約」のみです。契約は予算制度全体と密接な関係がありますから、予算制度全体の知識の習得に努めましょう。

→ 例外があります。それは「長期継続契約」です。

区分	予算	種類	根拠規定（自治法）
通常の契約	確保	単年度の歳出予算による契約	第210条・第216条
複数年度の契約	確保	継続費による契約	第212条
		債務負担行為による契約	第214条
		繰越明許費による契約	第213条
	未確保	長期継続契約	第234条の3

→ 【参考】予算には6つの原則があります。　法…自治法

①総計予算主義の原則 （法第210条）	一会計年度における一切の収入支出はすべてこれを歳入歳出予算に編入しなければなりません。
②予算単一主義の原則 （法第209条第2項）	原則は「一般会計」で、特別会計は例外となります。
③予算単年度主義（会計年度独立の原則）（法第208条）	当該年度の歳出は、当該年度の歳入をもって充てるという原則です。
④予算統一の原則 （法第216条・令第147条）	予算の科目及び予算様式を統一しなければなりません。
⑤予算の事前議決の原則 （法第211条第1項）	年度開始前までに予算は議会の議決を得る必要があります。
⑥予算公開の原則 （法第219条第2項）	予算は市民に公表しなければなりません。

ココに注意！
契約事務は、予算と密接な関係があるんですね。
予算制度もしっかり学習しなければなりません。

7. 一般競争入札が原則

〔関係条文等〕
自治法第234条、自治令第167条の5の2・第167条の10の2

●契約自由の原則には「自治体固有の制約」がある

公平性・公正性の確保の点からルールに基づく競争の原理により契約の相手方を決定しなければなりません。

契約の相手方選択の自由に対する制約

原則	一般競争入札

（吹き出し）不特定多数の事業者の入札参加を認める制度です。

例外制度があります。

長所	◆機会均等の原則に則り、透明性、競争性、公正性、経済性を最も確保することができます。
短所	◆契約担当者の事務上の負担が大きく、経費の負担も大きくなります。 ◆不良・不適格業者の混入する可能性が大きくなります。

短所を補うための制度が用意されています。

◆総合評価一般競争入札…価格による自動落札方式ではない制度です。
（自治令第167条の10の2第1項・第2項）

◆制限付き一般競争入札…対象工事・参加資格等に一定の制限を設けた入札制度です。（自治令第167条の5の2）

根拠条文

自治法
第234条　売買、貸借、請負その他の契約は、一般競争入札、指名競争入札、随意契約又はせり売りの方法により締結するものとする。
2　前項の指名競争入札、随意契約又はせり売りは、政令で定める場合に該当するときに限り、これによることができる。

自治体の契約は、一般競争入札が原則となっています。広く競争の原理を適用し、公平性・公正性を確保することが必要だからです。例外の制度として、指名競争入札と随意契約があります。せり売りは、動産の売却に適用されます。原則と例外を比較し、実際の実務に適用することが重要です。

例外

①指名競争入札

実績、資力、信用などについて適切と認める特定多数を通知によって指名し、競争させる制度です。

長所	◆一般競争入札に比して不良・不適格業者を排除することができます。 ◆一般競争入札に比して契約担当者の事務上の負担や経費の軽減を図ることができます。
短所	◆指名される者が固定化する傾向があります。 ◆談合が行われる懸念があります。

②随意契約

特別な理由により競争によらず契約の相手方を決定する制度です。

自治令第167条の2の規定を満たすものでなければなりません。

③せり売り

2人以上の買手に値段を競い合わせ、最も高値を付けた買手に売却する制度です。

物品の売り払いに適用される制度です。

8. 長期継続契約とは

〔関係条文等〕
　自治法第234条の3、自治令第167条の17

●長期継続契約のしくみ

　契約事務を行うためには、予算の確保が必要です。

例外があります。

| 予算は未確保 | **長期継続契約** | 自治法第234条の3 |

適用される範囲は限定されています。

┌─────────────────────────────────┐
│ ① 翌年度以降にわたり、電気、ガス若しくは水の供給若しくは電気通信役務の提供を受ける契約又は不動産を借りる契約

② 政令で定めるもの

自治令第167条の17
└─────────────────────────────────┘

翌年度以降にわたり物品を借り入れ又は役務の提供を受ける契約で、その契約の性質上翌年度以降にわたり契約を締結しなければ当該契約に係る事務の取扱いに支障を及ぼすようなもののうち、<u>条例で定めるもの</u>。

 条例の定めが必要です。

　　パソコン・複写機のリース契約などがあります。

根拠条文

自治法
第234条の3　普通地方公共団体は、第214条(注:債務負担行為)の規定にかかわらず、翌年度以降にわたり、電気、ガス若しくは水の供給若しくは電気通信役務の提供を受ける契約又は不動産を借りる契約その他政令で定める契約を締結することができる。この場合においては、各年度におけるこれらの経費の予算の範囲内においてその給付を受けなければならない。

自治体契約は、議決された予算に基づきますが、唯一の例外が長期継続契約です。電気・ガス・水道・電話の料金や不動産の借入れ、パソコン・複写機のリース契約などが対象となります。ただし、予算が削減、減額された場合は、契約解除になることに注意が必要です。

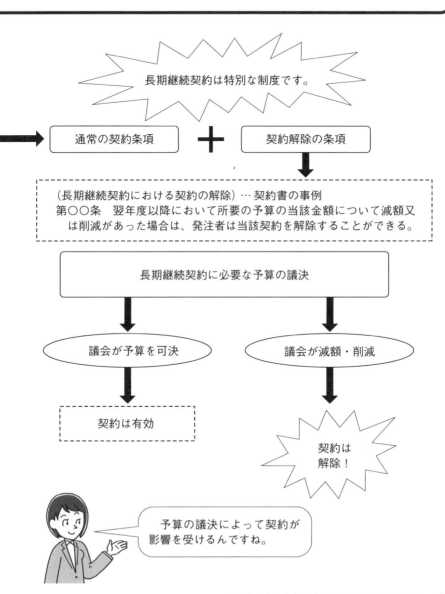

トピックス

指名競争入札を事実上全廃

　東京のT市では、かなり以前から指名競争入札を実施していません。例えば、工事請負契約では130万円以上を条件付き一般競争入札で実施しています。したがって、契約担当者が「指名業者（案）」を作成しなくてよく、指名業者選定委員会による決定手続きも不要となります。

　指名競争入札を実施しない理由は、平成15（2003）年に発生した入札不正事件が背景にあり、実績のない事業者を恣意的に指名し、当該業者に予定価格を漏洩していた組織ぐるみの不正事件の反省から、再発防止策の1つとして指名競争入札を実施しないことにした経過があるようです。

　自治体の契約制度は、一般競争入札が原則であり、自治令で定める場合に限って、指名競争入札、随意契約、せり売りが認められています。そのため、一般競争入札が広く行われるように、制限付き一般競争入札（自治令第167条の5の2）、総合評価一般競争入札（自治令第167条の10の2第1項・第2項）が創設されてきました。

　しかし、多くの自治体で指名競争入札が多用されてきました。いまだに自治体によっては、一般競争入札よりも指名競争入札が圧倒的に多い実態もあります。原則よりも例外制度が中心になっており、落札額も高止まりしているとの指摘もあります。

　自治法の趣旨は、契約制度における競争性・透明性を図るために一般競争入札を原則にしています。自治体によって、様々な事情はあるかもしれませんが、時には原点に戻り一般競争入札を基本とすることも検討すべきです。

　T市における指名競争入札を実施しない方針は、不正の防止対策にとどまらず、契約制度全体を考える良い事例だと思います。

予算執行と契約実務の流れを理解する

1. 予算執行の手続きと契約

〔関係条文等〕
　自治法第232条の3（支出負担行為）
　自治法第234条〜第234条の3（契約）

●契約事務は、予算の執行手続きとして行われる

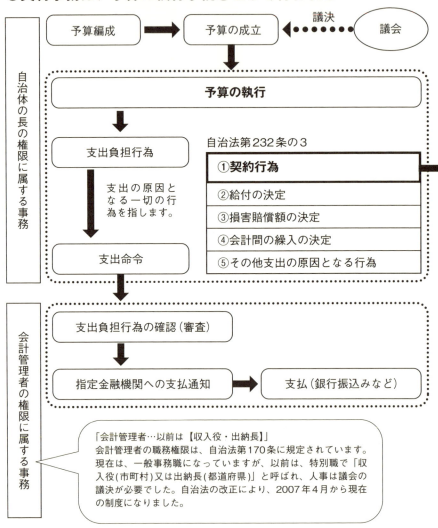

自治体の契約は、予算の執行手続きとして行われます。予算の執行手続きの第一段階は「支出負担行為」と呼ばれ、契約手続きの事務が大半を占めます。契約事務を理解するためには、予算の執行手続き全体の仕組みを把握することが重要です。

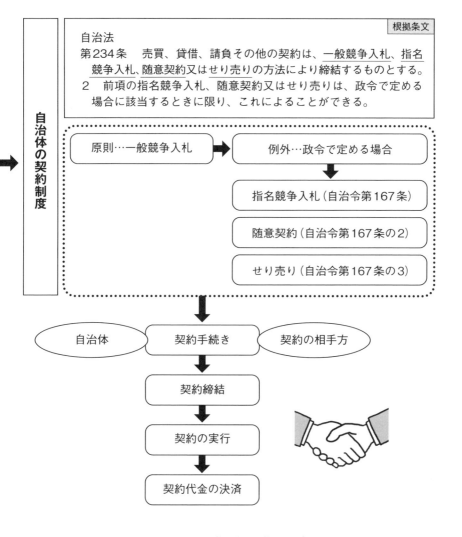

2. 契約締結と議会の議決

〔関係条文等〕
自治法第96条第1項第5号・第8号
自治令第121条の2第1項・第2項（別表第三・第四）

●契約は、一定の条件により議会の議決が必要

①工事又は製造の請負　　　　　　　　　　自治法第96条第1項第5号
　　　　　　　　　　　　　　　　　　　　自治令第121条の2第1項別表第三

都道府県	指定都市	市	町村
5億円以上	3億円以上	1.5億円以上	0.5億円以上

②動産・不動産の買入れ・売払い　　　　　自治法第96条第1項第8号
　不動産の信託の受益権の買入れ・売払い　自治令第121条の2第2項別表第四

区分	都道府県	指定都市	市	町村
不動産	土地面積 2万m²以上	土地面積 1万m²以上	土地面積 5千m²以上	
金額	7千万円以上	4千万円以上	2千万円以上	7百万円以上

長と議会のそれぞれの権限と役割

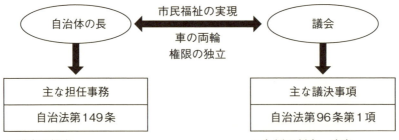

自治体の長 ←市民福祉の実現／車の両輪／権限の独立→ 議会

主な担任事務
自治法第149条

1. 議案の提出
2. 予算の調製及び執行
3. 地方税の賦課徴収等
4. 決算の議会認定
5. 会計の監督
6. 財産の取得及び処分
その他

主な議決事項
自治法第96条第1項

1. 条例の制定・改廃
2. 予算
3. 決算の認定
4. 地方税の賦課徴収等
5. 契約の締結
8. 財産の取得・処分
その他

自治体の契約は、自治令の規定により、議会の議決が必要になる場合があります。議決の必要な条件は、自治令第121条の2(第1項・2項)の別表第三・第四に定められています。議決が必要な契約は、契約手続きを行い、仮契約を締結したのち、契約議案を議会に提出し可決されることで、本契約が成立します。議決手続きの漏れがないよう注意が必要です。

●契約は、議会の議決で流れがかわる

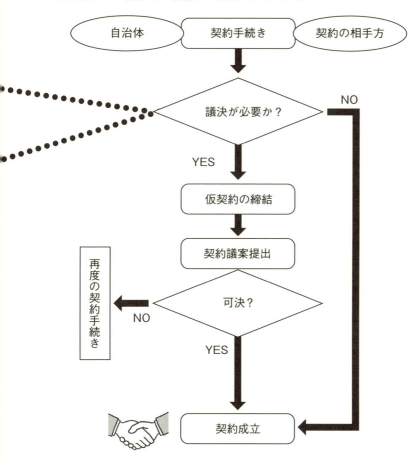

3. 入札参加資格

〔関係条文等〕
　自治令第167条の4・第167条の5（一般競争入札の参加資格）
　第167条の11（指名競争入札の参加者の資格）

●自治体の入札参加には、有資格者名簿への登録が必要

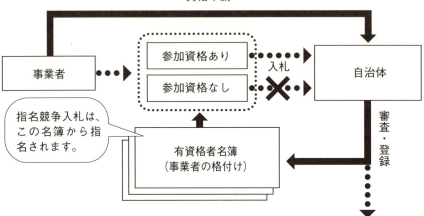

自治体の規則の事例
（一般競争入札の参加者の資格の審査等） 　長は、自治令第167条の5第1項の規定により、一般競争入札に参加する者に必要な資格として、契約の種類及び金額に応じ、工事、製造又は販売等の実績、従業員の数、資本の額その他の経営の規模及び状況を要件とする資格を定めることができる。
（指名競争入札の参加者の資格の審査等） 　長は、自治令第167条の11（指名競争入札の参加者の資格）第2項の規定により、指名競争入札に参加しようとする者に必要な資格として、契約の種類及び金額に応じ、工事、製造又は販売等の実績、従業員の数、資本の額その他の経営の規模及び状況を要件とする資格を定め、その基本的事項について公示しなければならない。

申請書類（主なもの）	
資本金	
会社登記書類	
決算書	
納税証明	
従業員の数	
販売実績	
工事の場合	建設業許可書
	経営事項審査結果
	コリンズ登録（75頁参照）
	その他

ポイント 自治体の競争入札に参加するためには、事業者は自治令に基づく各自治体の定める参加資格の審査を受けなければなりません。自治体は、資格審査の基準を定め、これを公表することによって、事業者からの申請を受け付け、審査し「有資格者名簿」に登録することになります。資格審査の方法は自治体によって異なり、電子化されている場合もあります。

●資格審査の方法

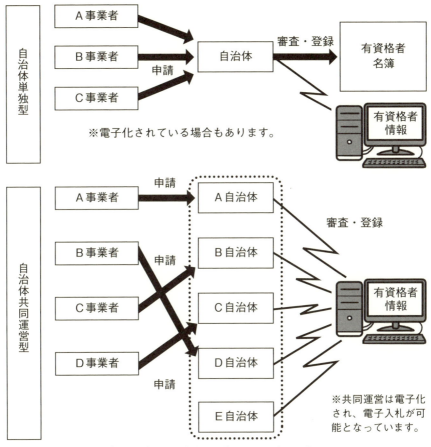

◆事業者は、A〜Eのいずれかの自治体に申請すればよいことになります。
◆申請書類の提出された自治体の審査をもって、すべての加入自治体は審査済みとみなします。

4. 契約の相手方を選ぶ方法

〔関係条文等〕
　自治法第232条の3（支出負担行為）
　自治法第234条～第234条の3（契約）

●委託・物品購入・印刷製本等の契約の基本的流れ

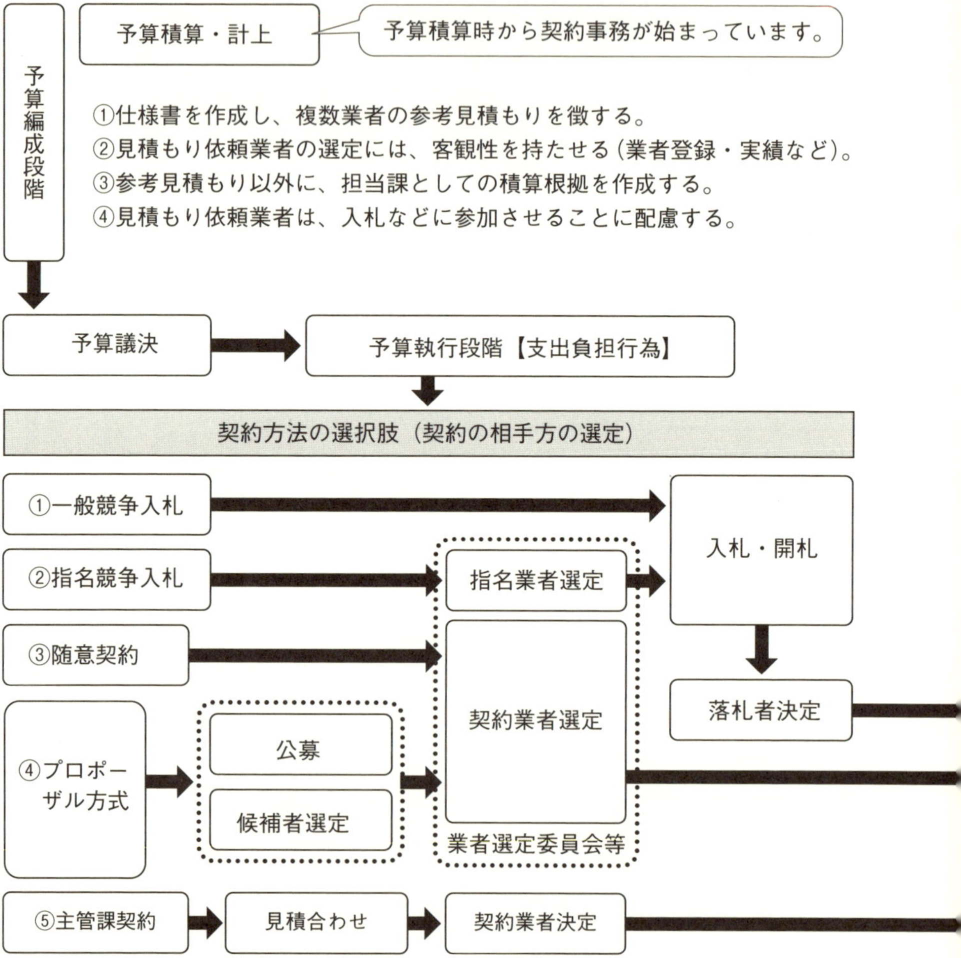

予算編成段階

予算積算・計上 → 予算積算時から契約事務が始まっています。

①仕様書を作成し、複数業者の参考見積もりを徴する。
②見積もり依頼業者の選定には、客観性を持たせる（業者登録・実績など）。
③参考見積もり以外に、担当課としての積算根拠を作成する。
④見積もり依頼業者は、入札などに参加させることに配慮する。

予算議決 → 予算執行段階【支出負担行為】

契約方法の選択肢（契約の相手方の選定）

①一般競争入札 →　　　　　　　　　　　→ 入札・開札 → 落札者決定
②指名競争入札 → 指名業者選定
③随意契約 　　　→ 契約業者選定
④プロポーザル方式 → 公募／候補者選定 → 契約業者選定（業者選定委員会等）
⑤主管課契約 → 見積合わせ → 契約業者決定

◇指名業者の選定及びプロポーザル方式による選定業者を承認する機関として「業者選定委員会等」の役割が重要になってきます。

自治体契約においては、いかに適切な契約の相手方を選定するかが重要になります。選定の際には、競争性を原則として、公平性・効率性・透明性のある選定を行う必要があります。自治法の規定にある「一般競争入札」「指名競争入札」「随意契約」「せり売り」を基本とし、プロポーザル方式、見積合わせなどの制度の運用が必要となります。

●契約方法の選択肢の留意事項

①一般競争入札	※公平性・客観性を担保すること。 ※制限付き一般競争入札なども検討すること。
②指名競争入札	※指名基準に基づくものであること。 ※公平性・客観性を担保すること。
③随意契約	※随意契約の理由を明確にすること。 ※自治令など根拠法令の条文を特定すること。
④プロポーザル方式	※特別な選定委員会を設置すること。 ※選定基準を明確にし公募を原則とすること。
⑤主管課契約（見積合わせ）	※決裁規程による権限の範囲を超えないこと。 ※公平性・客観性を担保すること。

※動産の売却は「せり売り」によることもできます。

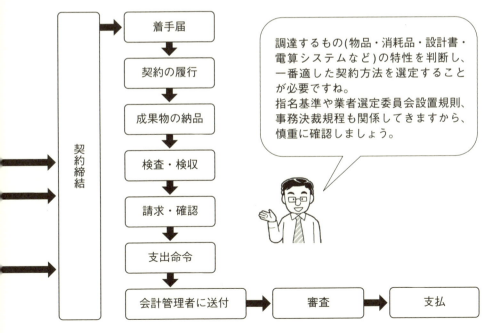

5. 業者選定委員会等の運営

〔関係条文等〕
各自治体の業者選定委員会等の「規則」「規程」「要綱」

●業者選定委員会の位置付け

◇委員会の名称は自治体によって異なります。
◇例規の位置付けも自治体によって異なります。

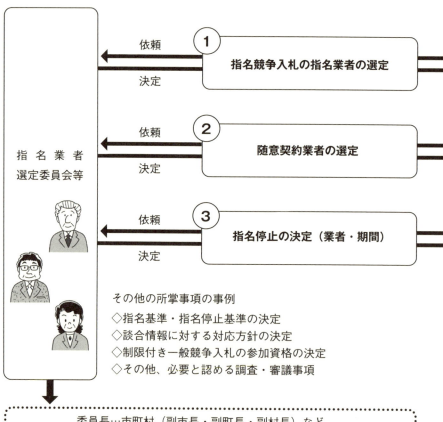

指名業者選定委員会等

依頼／決定
① 指名競争入札の指名業者の選定

依頼／決定
② 随意契約業者の選定

依頼／決定
③ 指名停止の決定（業者・期間）

その他の所掌事項の事例
◇指名基準・指名停止基準の決定
◇談合情報に対する対応方針の決定
◇制限付き一般競争入札の参加資格の決定
◇その他、必要と認める調査・審議事項

委員長…市町村（副市長・副町長・副村長）など
　　　　都道府県（財務局長など）
委員…庁内の幹部職員（部長など）10人前後により構成

ポイント 契約締結にあたり、制度の客観性、透明性等を図るため、自治体組織内に「指名業者選定委員会」等が設置されています。主な所掌事項は、①指名競争入札の指名業者の決定、②随意契約の案件及び業者の決定、③指名停止の業者及び期間の決定、④指名基準などの決定、⑤談合情報への対応協議、⑥その他の協議事項があります。

→ 指名業者選定委員会・競争入札業者選定委員会・契約審査委員会など。
→ 「規則」「規程」「要綱」による事例があります。

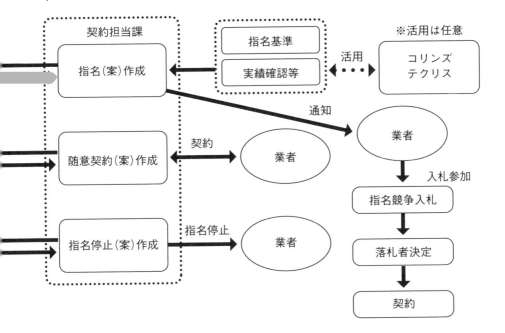

ココに注意！

▶コリンズ（CORINS）とは、「Construction Records Information System（工事実績情報システム）」の略称であり、<u>平成6年3月から</u>スタートしました。

▶テクリス（TECRIS）とは、「Technical Consulting Records Information System（業務実績情報システム）」の略称であり、<u>平成7年4月からスタート</u>しました。

6. 契約事務の決裁権限

〔関係条文等〕
　自治法第149条第1項第2号（予算の調製と執行に関すること）
　自治法第232条の3（支出負担行為）

●長の権限と契約事務の関係

```
自治体の長の権限
```

自治法第149条第1項第2号（予算の調製と執行に関すること）

支出負担行為（自治法第232条の3）

長の権限の委譲

代理	委任	補助執行
長が海外出張のような場合、不在期間を長の代理者が事務を執行すること。	長の権限を規則により委任されたもの（受任者）が長の権限を執行すること。	職員が長の権限を代わって執行すること。
	長の権限の一部を行政委員会（教育委員会など）に委任する場合があります。	日常的な事務の大半は、職員が長の権限に属する事務を長に代わって行っていることになります。

ポイント 自治体契約事務は、予算執行の第一段階「支出負担行為」として行われます。予算の執行、支出負担行為は、長の権限ですが、長の権限の委譲によって、職員が契約事務を執行することになります。長の権限の委譲には、「代理」「委任」「補助執行」があり、大半の事務は、長の権限の「補助執行」となります。

契約事務

契約に関する決裁区分の【事例】

事項	決裁責任者			
	市長	副市長	部長	課長
1　物品の購入、製作、修繕、委託、賃貸借の契約に関すること	3千万円以上	1千万円以上3千万円未満	5百万円以上1千万円未満	5百万円未満
2　工事契約に関すること	3千万円以上	1千万円以上3千万円未満	5百万円以上1千万円未満	5百万円未満
3　不要物品の売却、廃棄その他処分に関すること	重要なもの	50万円以上	10万円以上50万円未満	10万円未満
4　補償に関すること	重要なもの	軽易なもの		

補助執行権限の範囲は？ → 自治体の「事務決裁規程」

ココに注意！

「決裁とは」
「決裁」の意味は、上司などの責任者が部下などが提出した案を採用するか却下するかを決めることをいいます。「企画書を決裁する」「案件を決裁する」といった使い方をします。民間企業では「稟議」という言葉があります。「決裁」と意味は近いのですが、決裁の一手法を稟議と呼んでいるようです。役所関係では使用しない言葉ですね。

7. 単価契約とは

〔関係条文等〕
　各自治体の単価契約事務処理要領等

●自治体契約は「総価契約」が基本で「単価契約」は特例

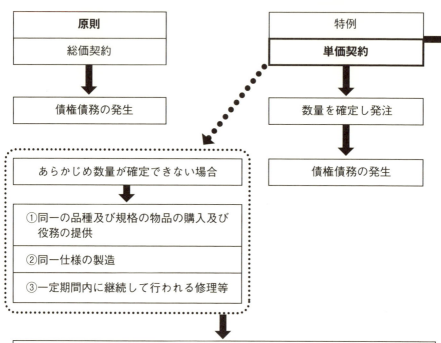

事例		
文房具・ＯＡ用品	薬品	コピー代金
給食用牛乳	予防接種ワクチン	グラウンド用石灰
作業服等	公報配付手数料	車両用ガソリン
セメント	砂利・砕石	その他の日用品類
保育園給食材料	梱包材料	学校給食等使用物品
紙・紙製品類・段ボール	漏水修理等の小規模な管路工事	小規模な道路修繕工事

自治体の契約形態には、①総価契約と②単価契約があります。原則は、債権債務が確定する総価契約ですが、特例として単価契約が認められています。年間を通して継続反復して購入する物品や役務などに適用され、小規模契約の効率化を図る効果があります。

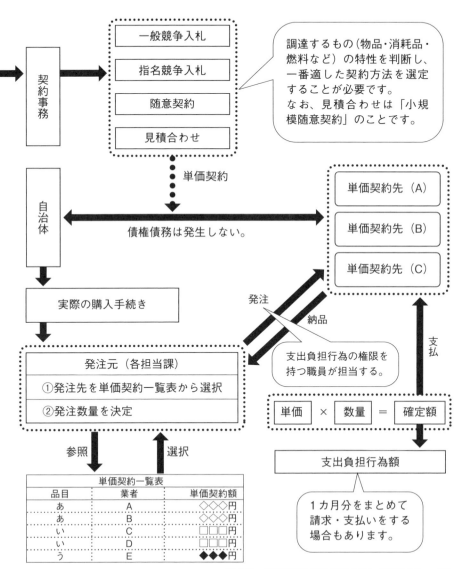

8. 見積合わせと入札

〔関係条文等〕
　自治令第167条の2（随意契約）
　各自治体の見積合わせ（小規模随意契約）処理要領等

●入札の原則と例外

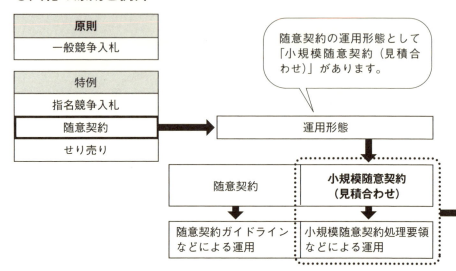

入札と見積合わせの違い

分　類	提出書類	契約相手方の決定
入　札	応募価格を書いた札	価格競争による
小規模随意契約（見積合わせ）	見積書、提案仕様書等	指名競争入札に比較し金額が低く、金額の高低だけで決めることが適当でない業務について見積合わせが使われる。見積合わせは、あらかじめ信頼する数社の業者を指名し、そこから各社の見積りを集める。その中から最も要件にあった業者を選定する。

ポイント 自治体契約は、一般競争入札が原則であり、特例として、指名競争入札、随意契約があります。随意契約のうち小規模随意契約を「見積合わせ」と呼び、各自治体の「運用要領等」によって、取扱いの範囲、具体的な手続きが決まってきます。

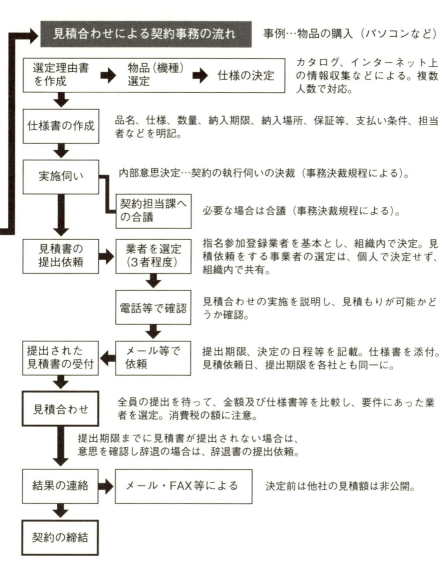

9. 契約書と請書

〔関係条文等〕
　自治法第234条第5項（書面契約・電子契約）
　各自治体の契約事務規則等（契約書が省略できる範囲）

●契約書の取り交わし

原則	書面による契約書の取り交わし

自治法第234条第5項の規定により電子契約は可能ですが、自治体の電子契約は、普及していません。実施する場合は、「契約事務規則等」に取り扱いを明記する必要があります。

→ 電子書面に電子署名

→ 契約書（紙）に双方が記名・押印

契約書を省略できる場合があります。
（規則に明記することが必要です。）

規則の事例

（契約書作成の省略）
第〇〇条　次に掲げる場合においては、契約書の作成を省略することができる。
　（1）1件が300,000円未満の契約をするとき。
　（2）せり売りに付するとき。
　（3）物品売却の場合において、買受人が直ちに、代金を納付してその物品を引き取るとき。
　（4）国・地方公共団体その他公法人又は公益的法人と契約をするとき。
　（5）前各号に掲げるもののほか、随意契約について長が特に必要がないと認めるとき。

（請書の徴収）
第〇〇条　契約担当者は，前条の規定により契約書の作成を省略する場合においても、契約内容を明らかにした請書、公文書その他これに準ずる書面を徴さなければならない。

自治体と事業者の対応

この物品を納入してください。
請書でお願いします。

請　書
記名捺印

了解です。

ポイント 自治体契約は、制度的には「書面契約」と「電子契約」が規定されています。しかし、実務的には、紙による書面契約が中心となっています。書面契約は各自治体の規則によって、省略が可能になっており、省略した場合は「請書」を作成します。請書は受注側だけが署名捺印するもので、この取扱いの範囲も規則等で定められています。

様々な書式が用意されています。

契約書等の標準形式 ◆中央建設業審議会が決定

契約書名	決定日	最終改正日
公共工事標準請負契約約款	昭和25年2月21日	令和4年6月21日
建設工事標準下請契約約款	昭和52年4月26日	令和元年12月13日
公共土木設計業務等標準委託契約約款	平成7年5月26日	令和2年3月10日

自治体がホームページで公開している事例	
業務委託契約書	単価契約書（工事用）
賃貸借契約書	単価契約書（物品用）
工事請負契約書	請書
物品購入契約書	
印刷製本契約書	
修繕請負契約書	

各自治体で標準的な契約書を整理しておくことが必要ですね。

請書とは何か
◆請書の提出の目的は、契約書を省略しても、契約の適正な履行を確保するためです。
◆請書は、契約内容を明らかにしたものですが、契約内容を順守するという誓書の性格を持ちます。（双方が記名捺印しない）
◆請書は、契約書とは異なり、契約書ほどの強制力はありません。一方的に宣誓しているだけですから、請書を理由に相手方に強制させることはできないと解釈されます。
◆実務上は、契約書を取り交わすほど重要ではない軽微な契約（金額が安いものや契約内容が簡単で、契約不履行が想定できないような契約）の場合に、相手方から提出させる書類が請書です。

10. 請負契約と委託契約

〔関係条文等〕
民法第632条（請負契約）・第643条（委任）・第656条（準委任）

●工事請負契約の例

契約締結	→	支出科目（節）	→	民法の適用
工事請負契約		**14 工事請負費**		第632条（請負契約）

委託契約であっても民法上の「請負契約」である場合が多い。

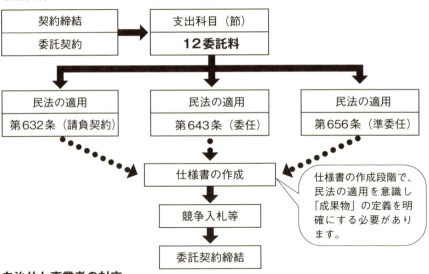

仕様書の作成段階で、民法の適用を意識し「成果物」の定義を明確にする必要があります。

自治体と事業者の対応

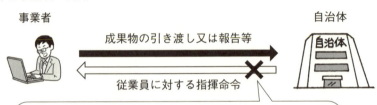

請負契約及び委任契約においても、受注側の従業員に対する発注側からの指揮命令はあってはなりません。偽装請負に該当します。

ポイント　自治体の工事請負契約は民法第632条の「請負契約」になります。一方、ごみ収集委託・電算開発委託・庁舎清掃委託など多くの契約は「委託契約書」を締結し、予算の支出科目の節は「12委託料」となっています。この委託契約は、民法第643条の「委任契約」、第656条の「準委任契約」ではなく、多くは「請負契約」であることに注意が必要です。

●請負契約と委任契約の違い

請負契約	委任契約	準委任契約
民法第632条	民法第643条	民法第656条
請負は、当事者の一方が**ある仕事を完成すること**を約し、相手方がその**仕事の結果**に対してその報酬を支払うことを約することによって、その効力を生ずる。	委任は、当事者の一方が**法律行為をする**ことを相手方に委託し、相手方がこれを承諾することによって、その効力を生ずる。	この節の規定は、**法律行為でない事務の委託**について準用する。
受注側は、仕事を完成させればよく、何人のスタッフを使おうと、どんな材料を使おうと関与されることはない。	法律行為が要件であり、自治体の契約では、限定的である。事例として、弁護士訴訟契約・借地借家法による賃貸借契約などがある。	法律行為の伴わない任意の委託契約。法律行為ではない事務の委託を拡大した「業務の遂行」と解釈される。システムのメンテナンス・文書の管理代行・情報の管理代行・事務処理の委託など自治体の委託契約は、この形である。
成果物の引き渡しが必要※	**成果物**は必要なし	**成果物**は必要なし
契約不適合責任（瑕疵修補、契約の解除、損害賠償）を伴う。	善管注意義務（手抜きやミスをしない程度）を負う。	善管注意義務（手抜きやミスをしない程度）を負う。
印紙税法の税額一覧表の対象となる。	印紙税法の適用なし	印紙税法の適用なし

※国税局の見解では、成果物には、**無形の成果物**が含まれます。
「請負の目的物には、家屋の建築、道路の建設、橋りょうの架設、洋服の仕立て、船舶の建造、車両及び機械の製作、機械の修理のような有形なもののほか、シナリオの作成、音楽の演奏、舞台への出演、講演、機械の保守、建物の清掃のような無形のものも含まれます。」（国税局HPより）

11. 契約書と印紙税の関係

〔関係条文等〕
民法第632条（請負契約）・第643条（委任）・第656条（準委任）
印紙税法第4条・第5条

●印紙税の扱い

国、自治体、独立行政法人等の作成する文書は、印紙税は非課税となります。
（印紙税法第5条第2号）

契約の相手方（事業者等）には課税されます。

> 課税される契約書の範囲に留意する必要があります。

印紙税法別表第一

文書	課税物件	課税標準及び税率
1号	1.不動産、鉱業権、無体財産権、船舶若しくは航空機又は営業の譲渡に関する契約書	省略
	2.地上権又は土地の賃借権の設定又は譲渡に関する契約書	
	3.消費貸借に関する契約書	
	4.運送に関する契約書（用船契約書を含む）	
	主な非課税物件…記載された契約金額が1万円未満のもの	
2号	請負に関する契約書 ※請負には、職業野球の選手、映画（演劇）の俳優（監督・演出家・プロデューサー）、プロボクサー、プロレスラー、音楽家、舞踏家、テレビジョン放送の演技者（演出家・プロデューサー）がその者として役務の提供を約することを内容とする契約を含む（政令に定めるものを含む）。	省略
	主な非課税物件…記載された契約金額が1万円未満のもの	
3号	約束手形又は為替手形	
〜	省略	
20号	判取帳	

自治体契約は、当該契約が印紙税法の対象契約であっても、地方公共団体が非課税のため印紙税の負担はありません。ただし、契約の相手方は、印紙税の負担が生ずるため実務的に注意が必要です。また、印紙税は「請負契約」が対象となりますが、委託契約書でも内容が「請負契約」の場合は、印紙税の対象になることに特に留意しなければなりません。

自治体と事業者が契約を締結した場合（印紙税法第4条）

契約書の保管者	みなし作成者	印紙の添付
自治体	事業者（課税）	添付の必要あり
事業者	自治体（非課税）	添付の必要なし

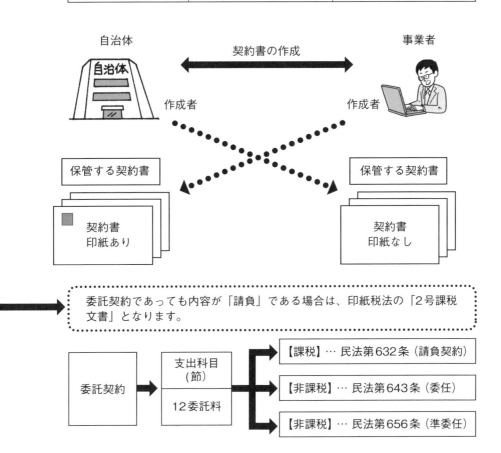

12. リース契約の運用

〔関係条文等〕
　自治法第214条（債務負担行為）
　自治法第234条の3（長期継続契約）

●リース契約の仕組み

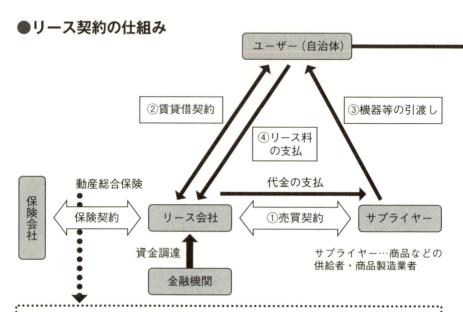

リースに出している動産は、火災保険ではカバーされないので、リース事業を行っている業者であればほぼ例外なく、リース資産に動産総合保険をかけています。

リース契約の種類

ファイナンス・リース契約	オペレーティング・リース契約
設備資金導入の資金調達を目的	物件の賃貸借を目的
金融色が強いことが特徴として挙げられる。	ファイナンス・リースとは違って、**賃貸色が強い**ことが特徴として挙げられる。
①契約した貸出期間の途中で、契約を解除したいとしても、中途解約が禁止されている。 ②リース会社が物件を貸し出すために支払った金額のほぼすべてを、借りる側が支払う義務がある。	契約期間中であっても、契約を途中で解約することができる。また、リース会社がリースをするために支払う金額を、借りる側が全額負担する必要はない。

リース契約は、パソコンや複写機など自治体には欠かせない契約です。リース期間は3年～7年など複数年度にわたる契約になるため、契約には予算等の対応が必要になります。リース契約を可能とする方法には、①長期継続契約による場合、②債務負担行為の設定による場合があります。また、リース契約とレンタル契約の違いにも注意が必要です。

```
予算等の対応 ─→ 長期継続契約による（自治法第234条の3）
             ─→ 債務負担行為設定による（自治法第214条）
```

リースとレンタルの違い

	項目	リース	レンタル
機能	対象物件	主として機械・器具・設備などユーザー指定の物件	レンタル会社の在庫内の物件
	目的	長期間使用	一時的使用
	期間	通常3年以上	月・週単位で短期間
	ユーザー	特定	不特定多数
	料金	物件価格×リース料率	一定の料金設定
	中途解約	原則不可（違約金発生）	原則可能
	契約期間終了後	返還または再リース	返還
法務	契約	賃貸借と実質金融の側面をもつ	賃貸借契約（民法上）
	所有者	リース会社	レンタル会社
	保守・保全責任	ユーザー	レンタル会社
	瑕疵担保責任	ユーザー	レンタル会社
	危険負担	ユーザー	レンタル会社

◆リース料総額＝(物件取得価額＋諸税＋資金調達コスト＋保険料＋手数料（リース会社利益、管理コスト))
◆リース料率(%)＝(月額リース料／物件取得価額×100)
  100万円の物件を月額リース料18,500円でリースした場合のリース料率は1.85％となります。
◆リース期間が満了した場合、再リースが出来ます。リース品は変わりませんが、1/10程度の額を年払いすることによってリースが継続できます。

13. 複数年度契約の活用

〔関係条文等〕
自治法第212条（継続費）・第214条（債務負担行為）
第234条の3（長期継続契約）

●複数年度契約の原則と特例

原則 → 当該年度の中で契約業務を完了させます。

自治法 第208条	（会計年度及びその独立の原則） 普通地方公共団体の会計年度は、毎年4月1日に始まり、翌年3月31日に終わるものとする。 2　各会計年度における歳出は、その年度の歳入をもって、これに充てなければならない。

特例 → 通常の契約は、当該年度の歳出予算の執行として行われます。年度を超えた複数年度の契約については、支出の特例として規定されています。

区分	予算	種類	自治法
複数年度の契約	確保	継続費による契約	第212条
		債務負担行為による契約	第214条
	未確保	長期継続契約	第234条の3

単年度契約

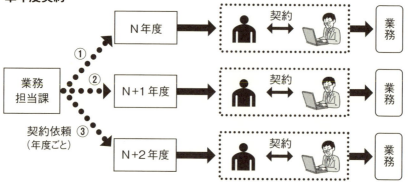

ポイント 自治体契約は、当該年度内で契約し、当該年度内で履行が完了することを基本にしています。事例として物品の購入などがあります。一方、自治体業務には、ゴミ収集業務のように、毎年度継続している業務や複数年度にわたる大規模工事などがあり、複数年度にわたる契約の活用が重要になっています。

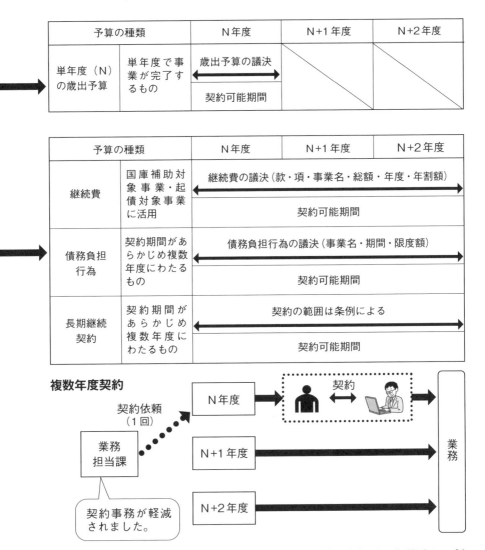

14. 債務負担行為と契約制度

〔関係条文等〕
自治法第214条（債務負担行為）

●債務負担行為の活用と効果

| 債務負担行為の積極的活用 | → | 事業を契約実務の面から総点検し、複数年度で契約することで効果が高まる事業を抽出することが大事です。 |

対象事業の抽出 →
- ◆事業が単年度で完了しないと見込まれる場合、予算編成時点において、継続費又は債務負担行為の手法を検討します。
- ◆毎年度、同様のサービスが継続する事業（ごみ収集委託・施設清掃委託など）について、複数年の契約を実施することを検討します。
- ◆事業の選定にあたっては、毎年度、業務仕様の変更が無いものの中から選定するようにします。
- ◆設定年度は、制度等の変化に対応できる期間を想定し、おおむね3年から5年が望ましいと考えられます。

工事請負関係	委託業務関係
継続費の設定を検討	債務負担行為の積極的活用

（継続費は、事業が国庫補助対象及び起債対象事業になる場合に有用です。）

ポイント 自治体契約は、予算制度の特例である債務負担行為の設定を活用することで、①契約事務負担の軽減、②経費の削減、③発注業務の平準化、④事業者の受注意欲の向上等の効果が期待できます。債務負担行為は、予算ですから、議会の議決が必要となり、将来の負担を伴うため、内容の管理も重要です。

▶ 期待される効果

	発注側（自治体）	受託側
①事務の効率化	契約事務が数年に一度で済む。	見積もり、受託準備が数年に一度で済む。
②経費の削減	従来に比較し契約額が下がることが期待できる。	設備投資、人員確保を数年間できることから、入札額が低く抑えられる。
③発注業務の平準化	発注時期を柔軟に設定でき、事務が平準化できる。	年間、平均して仕事が受注できる可能性がある。
④事業者の受注意欲の向上	業務の期間設定により、参加事業者が増加し競争性の向上が期待できる。	一定期間の安定した事業であるため、受注意欲が向上する。
⑤透明性の確保	歳出予算とともに債務負担行為の予算審議により内容の透明化が図れる。	入札により、公正性・透明性が図れる。

ココに注意！

「ゼロ債務」ってなあに？
　債務負担行為の設定時に歳出予算が伴わないものを「ゼロ債務」と呼びます。
　例えば、前年の12月補正予算で「債務負担行為」を設定し、歳出予算は、翌年度の当初予算に計上します。競争入札などの契約事務は、年明けの1月〜3月に実施し、契約を締結します。これによって、新年度4月当初に、契約上の業務がスタートすることになります。
　年末・年度末に道路の修繕等が集中しますが、これを改善できる方法としても活用できますね。

トピックス

小学校体育館と敷地をマイナス795万円で売却

　埼玉県深谷市は平成30（2018）年12月、廃校となった小学校の体育館と敷地について、入札によりマイナス795万円で売却することになったと発表しました。対象物件は、深谷市中瀬の旧市立中瀬小学校の体育館と敷地約1,505平方メートルであり、学校の統合で1984年に廃校になった物件です。体育館は2010年末まで活用され、2015年6月と2017年7月の2回、1,782万1千円の予定価格で入札にかけられましたが応札はなかった経過があるとのことです。

　落札者側で体育館を解体することが条件だったことから、マイナス価格での入札が成立したことになります。このような方法で、自治体が資産を売却するのは全国で初めてとのことです。

　市は売却条件として、体育館を落札者が解体することとし、解体費の負担を考慮して予定価格をマイナス1,340万6千円（市が支払う最高額）として入札を行いました。市が支払う予定である1,340万6千円が795万円で済むことになりますから、落札率は、59.3％になったという見方ができます。

　売却後の土地利用についての条件は付されていないようなので、今後、当該地がどのように利用されるかは、落札者の意思になります。

　契約制度上は、普通財産の売却で一般競争入札になりますが、体育館の解体という条件とともに、マイナスの予定価格の設定という珍しい「入札形態」ということができます。自治法上の解釈では、土地及び建物も含めて「無償譲渡」となりますから、自治法第96条第1項第6号の規定により、議会の議決が必要になります。

　深谷市の事例は、予定価格をマイナスに設定したところに、自治体としての独自の発想が見て取れます。多くの自治体関係者は、契約制度の運用にあたって予定価格をマイナスに設定するという概念を持っていなかったので、この事例に接して、一瞬びっくりしたのではないでしょうか。

　筆者もその一人です。自治体の契約制度は、様々な実態を踏まえ、自治体の独創的な制度が作れることを教えてくれた事例でした。

自治法第96条　普通地方公共団体の議会は、次に掲げる事件を議決しなければならない。
＜中略＞
⑥　条例で定める場合を除くほか、財産を交換し、出資の目的とし、若しくは支払い手段として使用し、又は適正な対価なくしてこれを譲渡し、若しくは貸し付けること。

契約制度の運用と活用方法はこうなっている

1. 発注方式の類型と特徴

〔関係条文等〕
　自治法第234条第3項、自治令第167条の5の2
　自治令第167条の10の2

●契約に関する制度の組み合わせ——その1

		一般競争入札	指名競争入札
落札者決定方法	自動落札（※1）	○	○
	総合評価（※2）	○総合評価 一般競争入札	○総合評価 指名競争入札
参加制限（※3）		○制限（条件）付き 一般競争入札	×
参加希望制（※4）		×	○参加希望型 指名競争入札

●契約に関する制度の組み合わせ——その2

		総合評価	プロポーザル方式
一般競争入札	通常	○	○
	制限（条件）付き	○	○
指名競争入札	通常	○	○
	参加希望型	○	○

> 「ココに注意！
> 様々な組み合わせがあるのですね。
> 調達する内容（工事・設計・委託など）によって最善な方法を選ぶことが必要ですね。

ポイント　自治体契約の基本原則は「一般競争入札」です。例外として「指名競争入札」がありますが、これらの制度に参加資格の制限を設けることや価格だけではない「総合評価方式」を組み合わせることができます。それに加え、プロポーザル方式などの手法を用いることで、多様な発注方式を採用することができます。

●契約に関する制度の根拠規定等

※1 自動落札	自治法第234条第3項	予定価格の範囲で一番低い入札を落札者とする。
※2 総合評価	自治令第167条の10の2	総合評価で落札者を決定する。（価格評価点＋技術評価点）
		施工能力／技術者能力／地域貢献　→　による評価を加える
※3 参加制限	自治令第167条の5の2	参加資格にさらに特別の参加資格を設けることができる。
※4 参加希望制	適正化指針　第2-2-(1)-①	「参加意欲を確認する公募型指名競争入札を積極的に活用するものとする。」と表記されている。

適正化指針とは？

	第17条第1項
公共工事の入札及び契約の適正化の促進に関する法律 （平成12年法律第127号）	国は…公共工事の入札及び契約の適正化を図るための措置…に関する指針…を定めなければならない。

2. 一括発注と分離分割発注

〔関係条文等〕
適正化指針　第2-2-(1)-7

●発注のしくみと運用

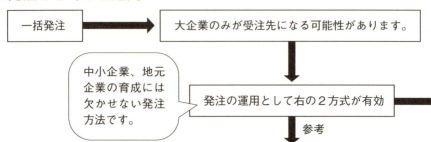

適正化指針　第2-2-(1)-7
　設備工事等に係る分離発注については、発注者の意向が直接反映され施工の責任や工事に係るコストの明確化が図られる等当該分離発注が合理的と認められる場合において、工事の性質又は種別、発注者の体制、全体の工事のコスト等を考慮し、専門工事業者の育成に資することも踏まえつつ、その活用に努めるものとする。

一括発注のしくみ

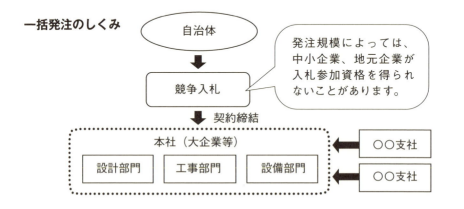

「分離・分割発注の適切事例」
中小企業庁のＨＰには、分離・分割発注の適切事例が照会されています。
https://www.chusho.meti.go.jp/keiei/torihiki/TekisetsuZirei.htm

自治体契約のうち、工事関係、委託関係等について、業務全体を一括して発注する方法と分離分割発注の方法があります。一括発注の場合、発注規模によっては受注先が一部の大企業に限定されてしまうことがあります。分離分割発注は、地元の中小企業対策、地元経済の活性化のためにも有効な発注方法といえます。

分離発注	異業種の業務を別件契約事案として発注することをいい、専業者の保護育成を目的にしたものです。中小専業工事事業の円滑な執行とともにコスト縮減に配慮が必要です。		
	事例	建築	電気・給排水・空調等の設備工事、外溝工事
		土木	橋梁、橋脚、トンネル内防音壁、遮音壁、造園、植栽工事
分割発注	同業種の業務について工区割り等を行い、別件契約事案として発注することをいいます。中小企業対策とともに、特に発注件数の少ない不況時期等においては、より多くの業者に受注機会の拡大を図ろうとする狙いもあります。		
	事例	建築	校舎と体育館、団地内の棟割り発注
		土木	道路、河川、浚渫の工区割り
		設備	小中学校の冷暖房機(学校別分割)

分離・分割発注のしくみ

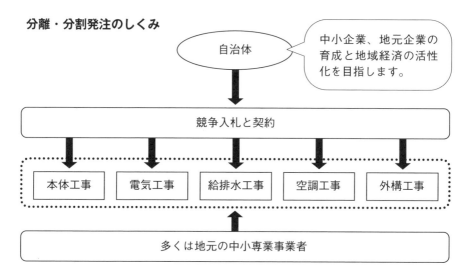

第7章 契約制度の運用と活用方法はこうなっている ― 99

3. 共同企業体(JV)と組合制度

〔関係条文等〕　適正化指針　第2-2-(1)-⑤、各自治体の共同企業体運用基準
中小企業等協同組合法（昭和24年法律第181号）
中小企業団体の組織に関する法律（昭和32年法律第185号）

●共同企業体とは

　共同企業体制度（JV：joint venture、ジョイント・ベンチャー）とは、建設企業が単独で受注及び施工を行う通常の場合とは異なり、複数の建設企業が、一つの建設工事を受注、施工することを目的として形成する事業組織体のことをいいます。

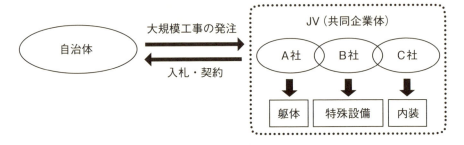

共同企業体の方式（国土交通省の資料より）

特定建設工事共同企業体 （特定JV）	**大規模かつ技術難度の高い工事の施工**に際して、技術力等を結集することにより工事の安定的施工を確保する場合等、工事の規模・性格等に照らし、共同企業体による施工が必要と認められる場合に工事毎に結成する共同企業体をいいます。
経常建設共同企業体 （経常JV）	**中小・中堅建設企業が継続的な協業関係を確保**することにより、その経営力・施工力を強化する目的で結成する共同企業体をいいます。単体企業と同様、発注機関の入札参加資格審査申請時（原則年度当初）に経常JVとして結成し、一定期間、有資格業者として登録されます。
地域維持型建設共同企業体 （地域維持型JV）	**地域の維持管理に不可欠な事業につき、継続的な協業関係を確保**することによりその実施体制の安定確保を図る目的で結成する共同企業体をいいます。発注機関の入札参加資格申請時又は随時に地域維持型JVとして結成し、一定期間、有資格業者として登録されます。

ポイント 大規模な発注工事では、受注企業の専門性に注目し、共同企業体（JV）の入札参加を可能にしています。JVは代表企業と専門分野の企業が共同して工事を実施するため、地元企業や中小企業のノウハウを活かせます。経常JVと類似する制度に「組合制度」があり、組合は、専業中小企業から構成されることが多く、工事の受注が可能になります。

その目的は？

各分野の企業同士がJVを構成することで、一つの工事に対して総合的な受注・施工を行うことにより、円滑かつ速やかな施工を行うことができます。

共同企業体・施工方式の違いによる分類

甲型JV （共同施工方式）	あらかじめ定めた出資比率に応じて、資金・人員・機械等を拠出して、各構成員が共同施工する方式。利益の配分も出資比率による。
乙型JV （分担施工方式）	施工上分離できない種類の異なる工事を各構成員が責任を持って分担施工する方式。利益は工事ごとに精算する。

経常JVと組合制度の比較

	経常JV	組合制度
目的	建設事業を共同連帯して営むことを目的とするもので、まさに建設工事の請負のために結成された組織である。	組合員のために、共同受注のみならず各種の共同事業を行うために結成された組織である。
期間	継続的な協業関係を目的に結成するものであるが、基本的には競争参加資格の有効期間がその存続期間である。	一度結成すれば解散決議をしない限り継続する組織である。
構成員	構成員は2〜3社程度である。	組合の組合員数はさまざまである。
行政庁の認可	構成員間の契約により成立し解散する。	設立、解散には行政庁の認可を必要とする。

○○事業協同組合 ←	中小企業等協同組合法
◇◇◇◇協業組合 ←	中小企業団体の組織に関する法律

4. VE方式とCM方式の活用

〔関係条文等〕
適正化指針　第2-2-(1)-②（後段）
適正化指針　第3-2

●VE (value engineering) 方式とは

適正化指針　第2-2-(1)-②（後段）

　公共工事を受注する建設業者の技術開発を促進し、併せて公正な競争の確保を図るため、民間の技術力の活用により、品質の確保、コスト縮減等を図ることが可能な場合においては、各省各庁の長等は、**入札段階で施工方法等の技術提案を受け付ける入札時VE（バリュー・エンジニアリング）方式、施工段階で施工方法等の技術提案を受け付ける契約後ＶＥ方式**、入札時に設計案等の技術提案を受け付け、設計と施工を一括して発注する設計・施工一括発注方式等民間の技術提案を受け付ける入札及び契約の方式の活用に努めるものとする。

●CM (construction management) 方式とは

適正化指針　第3-2

　法及び適正化指針に従って公共工事の入札及び契約の適正化を促進するためには、発注に係る業務執行体制の整備が重要である。このため、各省各庁の長等においては、入札及び契約の手続の簡素化・合理化に努めるとともに、**必要に応じ、CM（コンストラクション・マネジメント）方式の活用・拡大等によって業務執行体制の見直し、充実等を行う必要がある**。特に、小規模な市町村等においては、技術者が不足していることも少なくなく、発注関係事務を適切に実施できるようにこれを補完・支援する体制の整備が必要である。

ココに注意！

「ライフサイクルコスト」ってなあに
　LCC(ライフサイクルコスト)は、公の施設、道路、公園などの整備において、企画段階から建設（イニシャルコスト）、さらには維持管理費、将来の修繕費などを含む総経費をいいます。設計段階から、光熱水費の節減に配慮するなど、総コストの縮減は自治体にとって重要なテーマですね。

適正化指針では、公共工事の発注について、VE(バリュー・エンジニアリング)方式の活用を推奨しています。また、公共工事の業務執行体制の見直しのためCM(コンストラクション・マネジメント)方式の活用・拡大を推奨しています。公共工事の発注にあたっては、工事の規模・内容等に応じて民間の技術力、マネジメント力の活用検討が必要になってきます。

契約の流れ

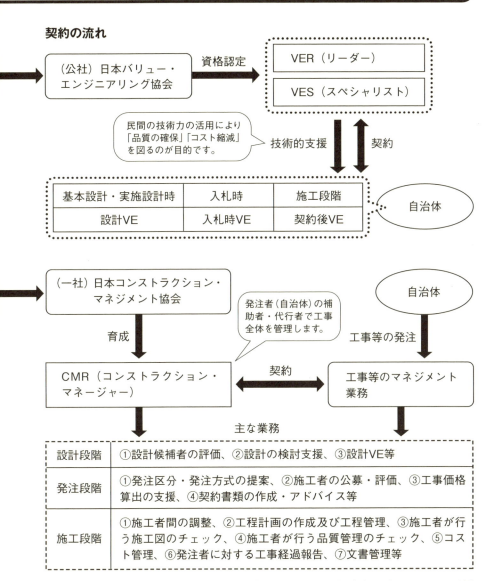

5. 随意契約の運用

〔関係条文等〕
　自治法第234条第2項、自治令第167の2第1項
　各自治体の「随意契約運用ガイドライン」

● **随意契約の全体像**　※市町村を想定したもので、金額等については、モデル的なものです。

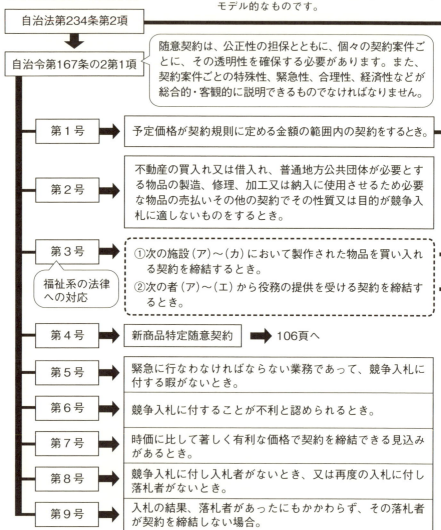

ポイント 自治体契約方式の特例として「随意契約」があります。随意契約の特徴は「競争」による契約ではないことです。したがって、随意契約によって契約の相手方を決定する場合は、①明確な理由が必要なこと、②決定のプロセスの透明化を図ること、③実績を公開することが重要になってきます。

随意契約の最大の特徴は「競争」による契約ではないことです。

ア 工事又は製造の請負…130万円
イ 財産の買入れ…80万円
ウ 物件の借入れ…40万円
エ 財産の売払い…30万円
オ 物件の貸付け…30万円
カ 前各号に掲げるもの以外のもの…50万円

実施上の注意

契約の権限移譲との関係もあり、担当課で契約できる範囲を確認しておく必要があります。

単に金額だけの基準で随意契約できるものではありません。見積合わせ等の手続きを規則に基づき実施することが必要です。

(ア) 障害者の日常生活及び社会生活を総合的に支援するための法律（以下障害者総合支援法）第5条第11項に規定する障害者支援施設
(イ) 障害者総合支援法第5条第27項に規定する地域活動支援センター
(ウ) 障害者総合支援法第5条第1項に規定する障害福祉サービス事業（同条第7項に規定する生活介護、同条第13項に規定する就労移行支援又は同条第14項に規定する就労継続支援を行う事業に限る。）を行う施設
(エ) 小規模作業所（障害者基本法第2条第1号に規定する障害者の地域社会における作業活動の場として同法第18条第3項の規定により必要な費用の助成を受けている施設
(オ) 上記(ア)から(エ)に準ずる者として総務省令で定めるところにより普通地方公共団体の長の認定を受けた者
(カ) 生活困窮者自立支援法第10条第3項に規定する認定生活困窮者就労訓練事業を行う施設でその施設に使用される者が主として同法第2条第1項に規定する生活困窮者であるものにおいて製作された物品

(ア) 上記①に規定する施設等
(イ) シルバー人材センター連合若しくはシルバー人材センター
(ウ) 上記(ア)から(イ)に準ずる者として総務省令で定めるところにより普通地方公共団体の長の認定を受けた者
(エ) その他…略

6. 新商品特定随意契約認定制度

〔関係条文等〕
自治令第167の2第1項第4号

●新商品特定随意契約認定制度・運用の流れ

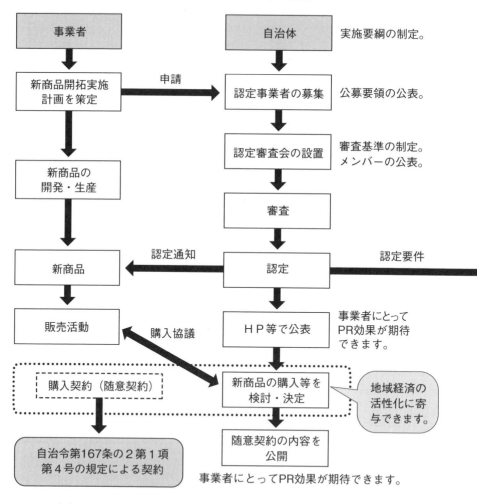

※認定自体は新商品の購入を約束するものではありません。
※行政が品質の保証をするものではありません。

ポイント　自治令第167条の2第1項第4号の規定に基づく「随意契約」を「新商品特定随意契約認定制度」と呼びます。この制度は、いわゆるベンチャー企業等の支援のひとつで「SOHO」などの取組みと共通するものがあります。自治体の組織内の連携とともに、地元商工会や金融機関等と連携した支援を創設することで地域経済の活性化が期待できます。

新商品特定随意契約認定制度の目的は？

いわゆるベンチャー企業支援のひとつ　→　中小企業、新規参入企業

連携支援

自治体　←連携→　商工会議所 商工会　←連携→　金融機関

自治法施行規則第12条の3の規定に基づき、次の事項が認定要件となります。

新規性	一　当該新たな事業分野の開拓に係る新商品又は新役務（以下この条において「新商品等」という。）が、既に企業化されている商品若しくは役務とは通常の取引において若しくは社会通念上別個の範疇に属するもの又は既に企業化されている商品若しくは役務と同一の範疇に属するものであつても既存の商品若しくは役務とは著しく異なる使用価値を有し、実質的に別個の範疇に属するものであると認められること。
有用性	二　当該新たな事業分野の開拓に係る新商品等が、事業活動に係る技術の高度化若しくは経営の能率の向上又は住民生活の利便の増進に寄与するものと認められること。
事業実施の確実性	三　第三項第四号（新商品の生産等の実施方法並びに実施に必要な資金の額及びその調達方法）に掲げる事項が新商品の生産等による新たな事業分野の開拓を確実に実施するために適切なものであること。

ココに注意！

「SOHO」ってなあに
　Small Office/Home Office（スモールオフィス・ホームオフィス）のことです。「PCなどの情報通信機器を利用して、小さなオフィスや自宅などでビジネスを行っている事業者」という意味で使われる場合が多いのですが、この場所を自治体が確保し、新規事業の開拓者の支援を行う施策を指すこともあります。

7. プロポーザル方式の活用

〔関係条文等〕
各自治体の「プロポーザル方式実施要綱」

●プロポーザル方式等運用の流れ

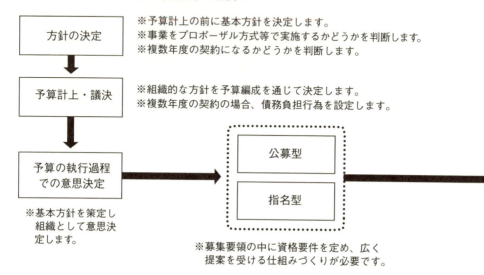

プロポーザル方式とコンペ方式の違い

プロポーザル方式	対象業務に対する発想、課題解決方法、取組体制等の提案を審査し、自治体にとって最も適切な創造力、技術力、経験等を有する**事業者を選定する**方式をいいます。
コンペ方式	対象業務に関する具体的な企画提案を審査し、自治体にとって最も優れた**企画案を選定する**方式をいいます。

自治体業務の具体例

電算システム開発事業者の選定、保育園運営事業者の選定、介護保険施設の整備事業者の選定、ホームページCMSの選定、公の施設の設計事業者の選定、普通財産売却先事業者の選定など

ポイント 自治体契約において、最適な契約の相手方を選定する方法のひとつに「プロポーザル方式」があります。様々な分野の契約に「プロポーザル方式」の採用を検討することで、契約の透明性の確保と同時に、事業の特性にあった民間事業者のノウハウを行政サービスの提供に活かすことができます。

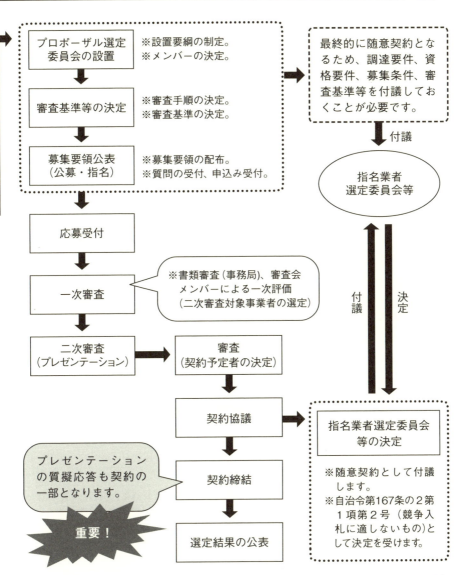

8. 総合評価方式の活用

〔関係条文等〕
自治令第167条の10の2
適正化指針 第2-2-(1)-②

● 落札者決定方式の原則と特例

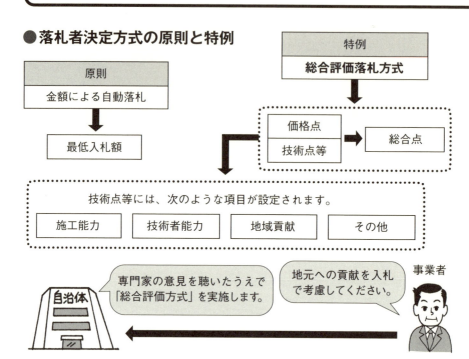

総合評価方式の種類	
市町村向け特別簡易型	技術的な工夫の余地が小さい小規模な工事で、同種工事の施工実績等の簡易な評価項目と価格を総合的に評価する方式
簡易型	技術的な工夫の余地が小さい小規模な工事で、簡易な施工計画、同種工事の施工実績や工事成績等の評価項目と価格を総合的に評価する方式
標準型	技術的な工夫の余地が大きく、施工上の工夫等の技術提案を受けることが適切な工事に採用される方式
高度技術提案型	技術的な工夫の余地が大きく、高度な技術提案を受けることが適切な工事に採用される方式

ポイント 自治体契約の落札者決定方法は、原則として「最低入札額」を落札額とします。しかし、地元中小事業者には防災・防犯など多くの地域貢献の実績があり、独自の情報やノウハウが蓄積されています。これを評価基準として設定し、価格点と地元貢献度等を総合的に評価する方式が設けられています。実施には、識見者の意見を聴かなければなりません。

市町村向け簡易型総合評価方式（一般競争入札）の手順

「公共工事における総合評価方式活用検討委員会報告～ 総合評価方式適用の考え方～」平成19年3月(公共工事における総合評価方式活用検討委員会)による。

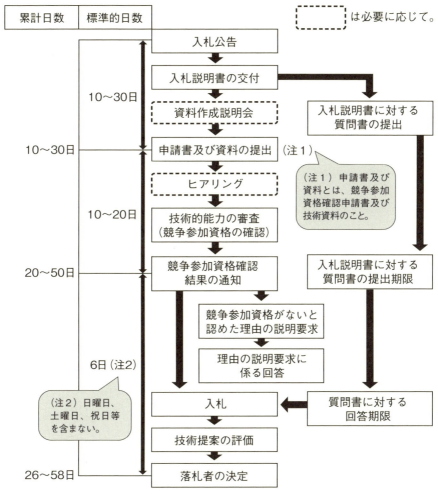

9. 中小企業・地元企業の育成

〔関係条文等〕
　官公需についての中小企業者の受注の確保に関する法律（昭和41年6月30日法律第97号）

●地域経済の循環

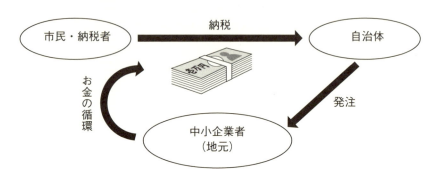

中小企業の定義…同法第2条

主たる事業	資本金・出資金、常時使用する従業員
製造業、建設業、運輸業その他の業種	資本金の額又は出資の総額が3億円以下の会社又は常時使用する従業員の数が300人以下の会社及び個人
卸売業	資本金の額又は出資の総額が1億円以下の会社又は常時使用する従業員の数が100人以下の会社及び個人
サービス業	資本金の額又は出資の総額が5千万円以下の会社又は常時使用する従業員の数が100人以下の会社及び個人
小売業	資本金の額又は出資の総額が5千万円以下の会社又は常時使用する従業員の数が50人以下の会社及び個人

根拠条文

官公需についての中小企業者の受注の確保に関する法律
（昭和41年6月30日法律第97号）最終改正：平成27年7月15日法律第57号

（目的）
第1条　この法律は、国等が物件の買入れ等の契約を締結する場合における新規中小業者をはじめとする中小企業者の受注の機会を確保するための措置を講ずることにより、中小企業者が供給する物件等に対する需要の増進を図り、もつて中小企業の発展に資することを目的とする。

ポイント 自治体運営にかかわる業務は、多くの地元事業者との契約に支えられている面があります。地元事業者の多くは、中小企業であって、その経営基盤は、経済・景気の動向に大きく左右されます。自治体の公共工事や物品の発注にあたっては、地元経済の発展とともに、中小企業の支援を柱にした様々な対策が求められています。

●具体的な受注機会の拡大策

▶ 対策1　発注条件の設定
◆適正な見積もり期間の設定　◆適正な工期の設定　◆銘柄指定の廃止
◆実勢価格反映した予定価格の設定　◆資格要件等に地域要件・地域精通度等を設定

▶ 対策2　発注手法の検討
◆同一資格等級区分での競争の確保　◆分離・分割発注の実施
◆低入札価格調査制度の徹底　◆総合評価による落札制度を実施
◆新商品特定随意契約認定制度の創設

▶ 対策3　共同受注方式の採用
◆事業協同組合等の活用「中小企業等協同組合法」「中小企業団体の組織に関する法律」　◆共同企業体(JV)の採用

▶ 対策4　事務的な対応
◆公共工事の関連情報の提供(各種の計画等)　◆多様な調達手法の情報を提供
◆発注工事の年間予定を公表　◆事務手続きの簡素化などの配慮(申請書類の改善・統一化)

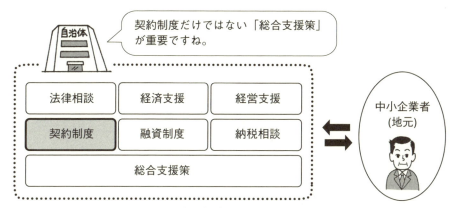

10. 発注時期の平準化

〔関係条文等〕
品確法第7条第1項第4号

●発注時期の平準化の試み

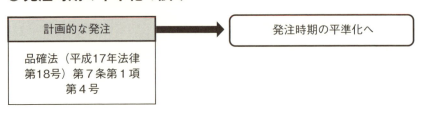

| 計画的な発注 | → | 発注時期の平準化へ |

品確法（平成17年法律第18号）第7条第1項第4号

年末や年度末になると、どうして道路工事が多いのでしょうね。

それは、自治体の会計年度と予算が関係しています。

自治体の会計年度は、4月1日から翌年の3月31日までです。

4/1　　　　　　　　　　　　　1/1　　　　　　3/31

N年度…年間の歳出予算

契約手続き → 契約 → 工事期間 → 竣工

◇着工が年度の途中になるので、竣工が年度末に集中してしまいます

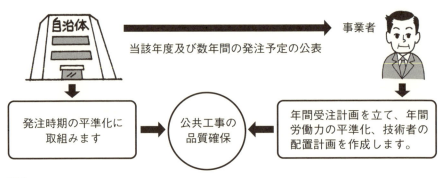

当該年度及び数年間の発注予定の公表

発注時期の平準化に取組みます → 公共工事の品質確保 ← 年間受注計画を立て、年間労働力の平準化、技術者の配置計画を作成します。

工事契約の発注には、適正な工事期間を設定し、発注時期の平準化を図らなければなりません。発注時期が集中すると、受注側の技術者の配置や労働者の確保に課題が生じます。そのため、継続費、債務負担行為、ゼロ債務などの活用を図る必要があります。この対応は、工事契約だけでなく、様々な業務委託契約にも必要なことです。

●平準化のための手法

▶ 手法1　複数年度契約による工事発注

1-①　継続費の活用

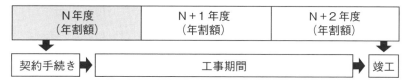

◇継続費は、契約上、年割額が明確になるため、申請事務の効率性から国の補助事業や起債対象事業に採用されます。

1-②　債務負担行為の活用

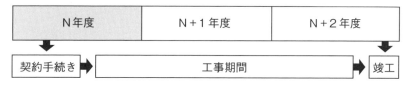

◇債務負担行為は、国の補助事業や起債対象事業以外の工事、設計委託その他の業務委託に活用されます。

▶ 手法2　ゼロ債務による契約手続きの前倒し

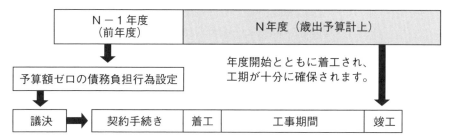

11. 最低制限価格制度

〔関係条文等〕
自治令第167条の10第2項

●最低制限価格制度の狙い

①手抜き工事、下請けへのしわ寄せ、労働条件の悪化、安全対策の欠如などを誘発し、公共工事の質を確保できない心配があります。
②建設業全体の健全な発展を阻害するもので、発注側の施工監督などのコストの増加につながる可能性もあります。

最低制限価格制度の流れ

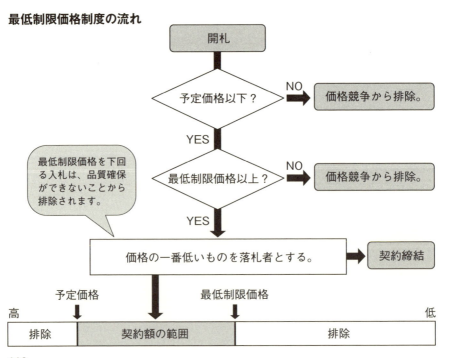

ポイント 自治体契約でダンピングが常態化すると、下請け事業者へのしわ寄せ、労働条件の悪化、さらには手抜き工事などにより、工事等の品質が確保できない場合があります。これを防ぐため、低入札価格調査制度とともに、**最低制限価格制度**が設けられています。いずれも、条件を設定して事業者との契約を排除する制度であるため、慎重な運用が求められます。

● 最低制限価格の設定例

最低制限価格を設ける場合は、予定価格の10分の8から3分の2の範囲内において、当該工事若しくは製造その他の請負の予定価格を構成する材料費、労務費、諸経費等の割合その他の条件を考慮し、当該工事又は製造その他の請負ごとに適正に定める。

最低制限価格制度の課題

積算基準・積算単価が公表されているため、予定価格や最低制限価格が容易に推計可能になる傾向があります。その結果、最低制限価格と同一の入札額や最低制限価格の直近に入札額が集中し、数十社による「くじ引き」が行われるという課題が発生しています。

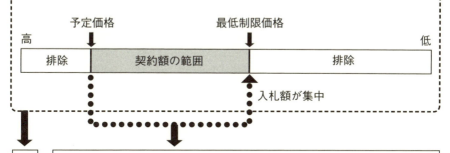

※変動型最低制限価格制度は、法令の定めによるものではなく、自治体の契約事務の実務的対応から検討されてきたものです。

12. 低入札価格調査制度

〔関係条文等〕
自治令第167条の10第1項

●低入札価格調査制度の狙い

```
┌──────────────────────────────────────────────┐
│            ダンピングが常態化すると            │
├──────────────────────────────────────────────┤
│ ①手抜き工事、下請けへのしわ寄せ、労働条件の悪化、安全対策の欠如などを │
│   誘発し、公共工事の質を確保できない心配があります。                  │
│ ②建設業全体の健全な発展を阻害するもので、発注側の施工監督などのコスト │
│   の増加につながる可能性もあります。                                  │
└──────────────────────────────────────────────┘
```

低入札価格調査制度の運用ポイント

ポイント	内容等
調査基準値の設定	直接工事費等の8.5/10　予定価格の2/3など客観的な基準を定めます。
調査に必要な資料の提出	積算内訳・手持資材状況・労務者の確保見通し・下請け予定などの資料の提出を求めます。
排除の基準	調査に非協力・積算が不適正・労務単価が不適正・建設副産物処理が不適正などの基準を定めます。
委員会等の設置	排除の決定を諮るための委員会を設置します。

ポイント 自治体契約でダンピングが常態化すると、下請け事業者へのしわ寄せ、労働条件の悪化、さらには手抜き工事などにより、工事等の品質が確保できない場合があります。これを防ぐため、最低制限価格制度とともに、**低入札価格調査制度**が設けられています。いずれも、条件を設定して事業者との契約を排除する制度であるため、慎重な運用が求められます。

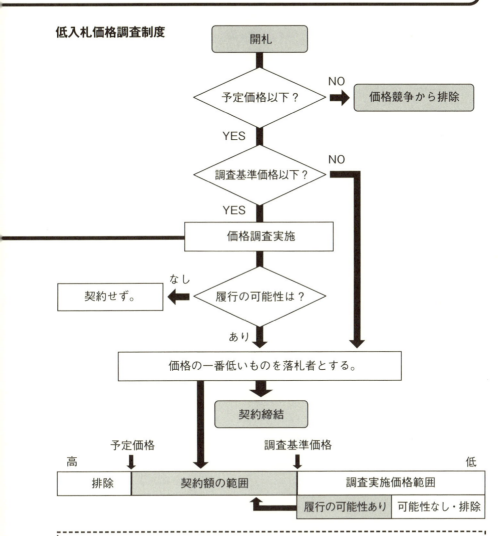

調査基準価格以下の入札であっても、調査の結果、履行の可能性がある場合は落札者とします。

13. 包括的管理委託契約の運用

〔関係条文等〕
民法第632条（請負）、第643条（委任）、第656条（準委任）

●公共施設等の民間委託の分類と根拠法令

区分	根拠法令
1．民間委託	民法第632条（請負）、第643条（委任）、第656条（準委任）
2．PFI制度	PFI法（平成11年9月施行）
3．指定管理者制度	改正自治法（平成15年9月施行）
4．公共施設等運営権制度	改正PFI法（平成23年6月施行）

制度のねらいと効果

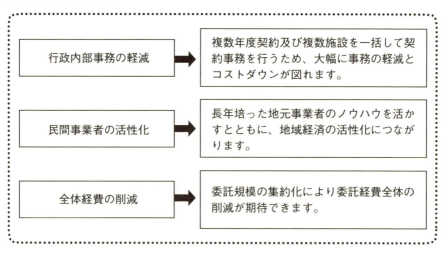

行政内部事務の軽減	複数年度契約及び複数施設を一括して契約事務を行うため、大幅に事務の軽減とコストダウンが図れます。
民間事業者の活性化	長年培った地元事業者のノウハウを活かすとともに、地域経済の活性化につながります。
全体経費の削減	委託規模の集約化により委託経費全体の削減が期待できます。

自治体における公共施設管理及び公の施設管理については、各自治体独自の取組みが行われています。特に、外部委託が推進されていますが、近年、「包括的管理委託」の取組みが自治体に広がっています。この制度は、自治法等に根拠があるわけではなく、自治体の創意工夫の結果ということができます。

包括的民間委託の定義の事例

「公共施設管理における包括的民間委託の導入事例集（国土交通省・平成26年7月）」における定義。

法律上の定義はないのですね。

複数業務化の要素を含んだ上で、適宜、複数年度化、性能規定化の要素を持つような、公共施設等の管理に係る業務委託

個別要件の設定等

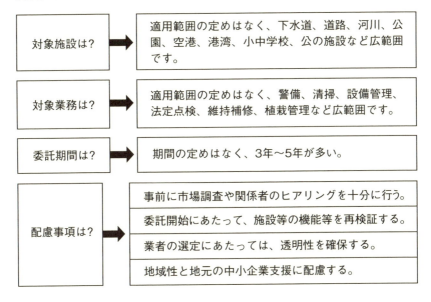

対象施設は？	適用範囲の定めはなく、下水道、道路、河川、公園、空港、港湾、小中学校、公の施設など広範囲です。
対象業務は？	適用範囲の定めはなく、警備、清掃、設備管理、法定点検、維持補修、植栽管理など広範囲です。
委託期間は？	期間の定めはなく、3年〜5年が多い。
配慮事項は？	事前に市場調査や関係者のヒアリングを十分に行う。
	委託開始にあたって、施設等の機能等を再検証する。
	業者の選定にあたっては、透明性を確保する。
	地域性と地元の中小企業支援に配慮する。

トピックス

道路工事請負契約の落札…38者のくじ引きで決定

　自治体の契約において、落札となるべき同価の入札をした者が二人以上あるときは、直ちに、当該入札者にくじを引かせて落札者を定めなければならないとされています（自治令第167条の9）。

　全国の自治体で、くじによる落札がどの程度の件数に上っているかの実態は不明ですが、近年、増加傾向にあるのは間違いないようです。Y県Y市では、平成30（2018）年度の道路工事の入札において、38者によるくじ引きが行われました。38者が同額でかつ最低制限価格と同額（円単まで同額）という驚くべき入札が発生しています。この自治体では、公開された入札調書によっても10者以上のくじ引きもかなり発生しているようです。

　最近では、公共工事積算ソフトが市販されており、積算基準や建設単価が公開されていることから、かなりの精度で予定価格や最低制限価格が予測できることが背景にありそうです。無料体験版なども市販されています。

　平成30年、東京都のある自治体では、3者によるくじ引きが行われました。その結果、長期にわたる地域貢献とともに、工事実績のある地元企業が、新規参入の他市の業者とのくじ引きで負けるという現象が起きています。この件は、議会で取り上げられましたが、制度上で認められている落札方式ですから、当然結論は変わりません。

　一般的に、くじ引きによる決定はよくある制度です。宝くじや商店街の歳末くじなどは、外れても「くじ運」が悪いと諦めがつきますが、公共工事の競争入札ではそうはいきません。苦労をして積算した結果がくじで決まることに納得できない事業者も多いのではないかと思われます。

　自治体の入札制度は、事業者の意欲をいかに評価する制度を確立するかが重要です。そのためにも、制度上は認められていても、くじ引きによる落札者の決定をなくすような制度改善が必要だと感じます。

公共工事の
さまざまな入札実務

1. 工事契約の基本的な流れ

〔関係条文等〕
自治法第9章第6節（契約）自治令第5章第6節（契約）
入札契約適正化法、品確法、建設業法など

●工事契約の基本的な流れ（総括）

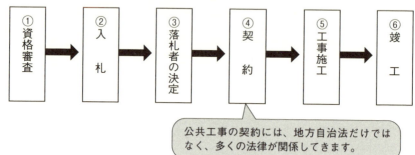

工事契約の基本的な流れ

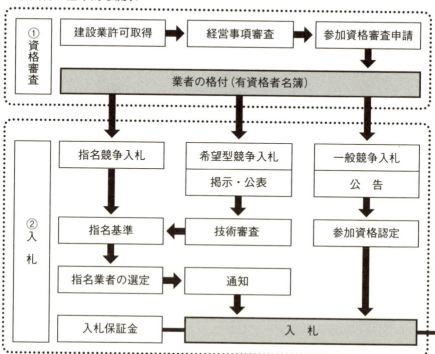

自治体の工事契約は、大きくは、①資格審査、②入札〜落札、③契約の締結、④工事の施工、⑤工事の完成に分けられます。それぞれの段階に自治法及び自治令に定められた制度が適用されます。さらに、入札契約適正化法及びこの法律に基づく適正化指針の内容も関係してきます。

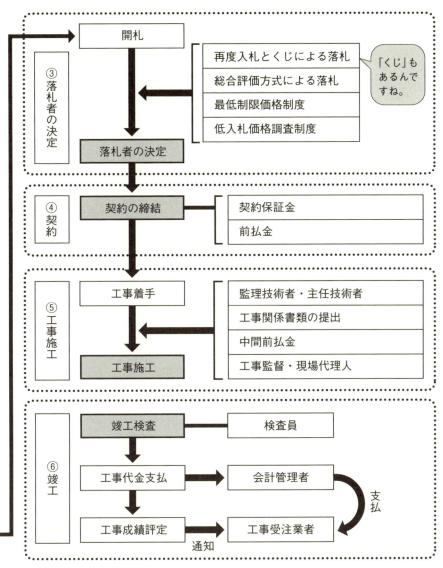

2. 適正化指針の位置づけ

〔関係条文等〕
入札契約適正化法

● 適正化指針ができるまで

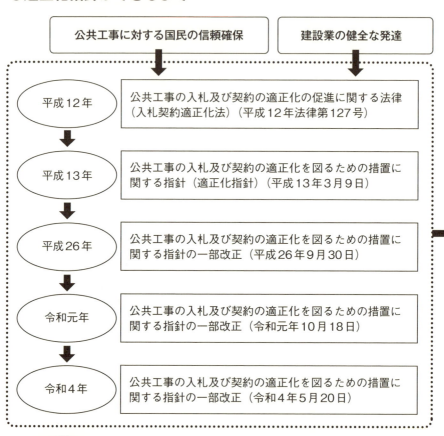

> **ココに注意！**
> 　自治体における公共工事の発注は、自治法・自治令の規定に沿うとともに、入札契約適正化法及び適正化指針の内容を踏まえることが必要ですね。しかし、自治体には、それぞれ異なった実務実態もあることから独自の判断も欠かせません。

ポイント 公共工事に対する国民の信頼の確保とともに、これを請け負う建設業の健全な発達を図るための法律として、平成12年に「入札契約適正化法」が制定されました。この法律の運用解釈について、平成13年に「公共工事の入札及び契約の適正化を図るための措置に関する指針(適正化指針)」が閣議決定されています。

 各省各庁の長、特殊法人等の代表者又は地方公共団体の長

内容に沿った取組みの要請

全体構成は？

第1 適正化指針の基本的考え方

第2 入札及び契約の適正化を図るための措置

> 1 主として入札及び契約の過程並びに契約の内容の**透明性の確保**に関する事項
>
> 2 主として入札に参加しようとし、又は契約の相手方になろうとする者の間の**公正な競争の促進**に関する事項
>
> 3 主として入札及び契約からの談合その他**不正行為の排除の徹底**に関する事項
>
> 4 主としてその請負代金の額によっては公共工事の**適正な施工が通常見込まれない契約の締結の防止**に関する事項
>
> 5 主として契約された公共工事の**適正な施工の確保**に関する事項
>
> 6 その他**入札及び契約の適正化**に関し配慮すべき事項

第3 適正化指針の具体化に当たっての留意事項

> 1 特殊法人等及び地方公共団体の自主性の配慮
>
> 2 業務執行体制の整備

第8章 公共工事のさまざまな入札実務 — 127

3. 建設業許可

〔関係条文等〕
建設業法第3条など

●建設業の種類と許可のしくみ

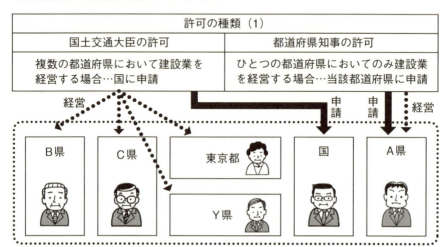

許可の種類（1）	
国土交通大臣の許可	都道府県知事の許可
複数の都道府県において建設業を経営する場合…国に申請	ひとつの都道府県においてのみ建設業を経営する場合…当該都道府県に申請

建設業の種類（建設業法別表一）

1	土木一式工事	16	ガラス工事
2	建築一式工事	17	塗装工事
3	大工工事	18	防水工事
4	左官工事	19	内装仕上工事
5	とび・土工・コンクリート工事	20	機械器具設置工事
6	石工事	21	熱絶縁工事
7	屋根工事	22	電気通信工事
8	電気工事	23	造園工事
9	管工事	24	さく井工事
10	タイル・れんが・ブロック工事	25	建具工事
11	鋼構造物工事	26	水道施設工事
12	鉄筋工事	27	消防施設工事
13	舗装工事	28	清掃施設工事
14	しゅんせつ工事	29	解体工事
15	板金工事		

建設工事の請負には、その工事が公共工事であるか民間工事であるかを問わず、建設業法第3条 に基づき建設業の許可(軽微な建設工事を除く)を受けなければならないとされています。自治体の発注工事の受注資格のうち、最も重要なものが建設業法に基づく建設業許可です。

許可の種類（2） →	下請工事が発注できるかどうか
一般建設業許可	金額に制限なく受注できます。下請けを使わず自ら施工するのであれば、この許可でよいとされています。
特定建設業許可	発注者から直接工事を受注し元請になる場合に必要となる許可です。

工事の元請になるためには、特定建設業許可が必要になります。工事の安全確保、確実な施工の確保、下請事業者の保護などのため、許可の区分を設けているんですね。

下請け工事には、工事の内容によって発注できる範囲がある

元請事業者

発注

下請事業者

※特定建設業の許可があれば、より多くの工事が発注できます。
※一般建設業許可だと、発注できる額に限界があります。

発注の範囲		4.5千万円以上	7千万円以上
	工事	一般建設業許可 特定建設業許可	特定建設業許可
	建築	一般建設業許可 特定建設業許可	特定建設業許可

4. 経営事項審査の手続き

〔関係条文等〕
　建設業法第 27 条の 23

●資格審査と経営事項審査のしくみ

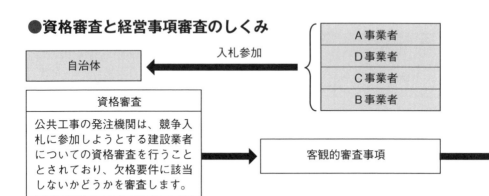

総合評定値		P	点数		具体的な審査項目			
経営状況		Y	ウェイト		技術力		Z	ウェイト
審査項目	純支払利息比率		20/100	審査項目	技術職員数（許可業種別）			25/100
	負債回転期間				元請完成工事高（許可業種別）			
	売上高経常利益率				その他の審査項目（社会性等）		W	ウェイト
	総資本売上総利益率			審査項目	労働福祉の状況			15/100
	自己資本対固定資産比率				建設業の営業継続の状況			
	自己資本比率				防災活動への貢献の状況			
	営業キャッシュフロー				法令遵守の状況			
	利益余剰金				建設業の経理に関する状況			
経営規模		X1	ウェイト		研究開発の状況			
審査項目	完成工事高（業種別）		25/100		建設機械の保有状況			
経営規模		X2	ウェイト		国際標準化機構が定めた規格による登録の状況			
審査項目	自己資本額		15/100		若年の技術者及び技能労働者の育成及び確保の状況			
	利払前税引前償却前利益の額＝営業利益＋減価償却費							

経営事項審査は、公共工事を発注者から直接請け負おうとする建設業者（建設業法第3条第1項の許可を受けた者をいいます。）が必ず受けなければならない審査です。自治体の公共工事の発注における資格審査の基本となるのが経営事項審査であって、客観的審査事項といわれています。

審査の流れ

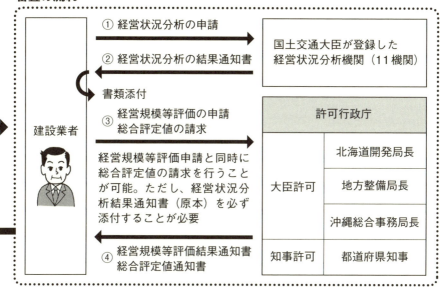

経営事項審査の有効期間 ➡ 審査基準日から1年7か月

事例：審査基準日 H30.3.31 → 1年7か月 → 有効期限 H31.10.30

工事等の格付けの事例（業者等級と工事等級の格付け）

等級	総合評定値（P）	発注工事の標準金額
A	1,100点以上	150,000千円以上
B	800点以上 1,100点未満	30,000千円以上 150,000千円未満
C	600点以上 800点未満	10,000千円以上 30,000千円未満
D	600点未満	10,000千円未満

5. 工事契約等の情報提供システム

```
中央建設業審議会 ──建議（平成5年12月21日）──▶ 建設省（現・国土交通省）
```

「公共工事に関する入札・契約制度の改革について」
各発注機関が共同で利用でき、建設会社の技術力を公正に評価しうる工事実績情報のデータベース整備の必要がある。

建設省（現・国土交通省）──要請──▶ JACIC（一般財団法人日本建設情報総合センター）

（JACICのHPより）

近年、品確法（公共工事の品質確保の促進に関する法律）、総合評価方式による企業の選定、過去の実績等、発注時における、より一層の入札・契約手続きの透明性、客観性、競争性がもとめられています。コリンズ・テクリスは、技術力に信頼のおける企業選定を行うために活用されています。

コリンズ・テクリスの主な登録データ

コリンズ	テクリス
①工事の発注者	①業務の発注者
②受注した企業	②受注した企業
③工事件名	③業務件名
④工事の種類 道路、トンネル、橋梁、アスファルト舗装等	④業務の種類 構造物設計、地質調査、水理解析、測量調査等
⑤契約金額	⑤契約金額
⑥施工場所	⑥業務対象
⑦工期	⑦工期
⑧工事及び構造物の規模	⑧設計対象物の規模及び調査の範囲
⑨現場代理人、監理（主任）技術者、担当技術者等	⑨監理（主任）技術者、照査技術者、担当技術者等

ポイント 自治体の工事契約においては、その品質及び工事の安全性確保のため、技術力に信頼のおける事業者選定を行う必要があります。そのため、事業者の技術力や工事実績等のデータを確認するための仕組みが用意されています。代表的なものにコリンズ、テクリス、JCIS（ジェイシス）があります。利用は、自治体の任意となっており、利用料金が発生します。

利用形態

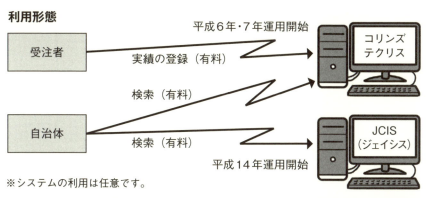

※システムの利用は任意です。

提供システム		提供機関	利用対象	
			発注者	受注者
コリンズ	工事実績情報サービス	JACIC（一般財団法人 日本建設情報総合センター）	○	○
テクリス	測量調査設計業務実績情報サービス		○	○
JCIS（ジェイシス）	発注者支援データベースシステム	CE財団（一般財団法人 建設業技術者センター）	○	×

JCISの提供する情報（CE財団）HPより

技術者に関する情報	監理技術者情報	個々の監理技術者が保有する資格の種類など
	技術検定合格者情報	関係法令に書かれている国家資格を持っている技術者の情報
建設会社に関する情報	経営事項審査情報	建設会社の規模や経営状況など
	建設業許可情報	建設会社が施工できる工事の種類、本支店の所在地など
工事に関する情報（コリンズ）		今までに行われた公共工事について工事内容、施工した会社、従事した技術者など

6. 一般競争入札の手続き

〔関係条文等〕
自治法第234条、自治令第167条の4 など

●一般競争入札の特徴

公告によって不特定多数の事業者を誘引して、入札により競争を行わせ、その入札のうち、自治体にとって最も有利な条件をもった事業者を選定し、契約を締結する方法です。

長所	◆機会均等の原則に則り、透明性、競争性、公正性、経済性を最も確保することができます。
短所	◆契約担当者の事務上の負担が大きく、経費の増嵩を招きます。 ◆不良・不適格業者の混入する可能性が大きくなります。

手順の概要（指名競争入札）

公告	○**必要な資格・入札の場所・日時・その他必要な事項を公告** ◆一般競争入札により契約を締結しようとするときは、入札に参加する者に必要な資格、入札の場所・日時等の必要事項を公告しなければならない。 （自治令第167条の6第1項） ○**一般的な事項** ◆工事や物品などの契約内容　◆参加資格　◆入札説明書の配布場所 ◆現場説明会の場所　◆入札場所　◆条件違反の場合は無効とする旨 ◆入札保証金関係　◆入札方法(郵送など)の条件 ◆議会の議決契約かどうか　◆現地下見の日時・場所 ○制限付き一般競争入札である旨 ○落札方式が「総合評価」である旨
参加資格認定	◆契約締結能力を有しない者等を参加させてはならない。 （自治令第167条の4第1項） ◆談合関与者等を3年間以内排除することができる。 （自治令第167条の4第2項） ○**制限付き一般競争入札** ◆工事等の実績、経営の規模等を参加資格要件として定めることができる。 （自治令第167条の5第1項） ◆事業所の所在地、工事の経験・技術的適性の有無等を参加資格要件として定めることができる。（自治令第167条の5の2）

自治体契約の原則は、一般競争入札です。一般競争入札にも長所と短所があり、制度の特徴を踏まえた運用が必要になってきます。また、制度上、制限付き一般入札があり、落札者の決定においては、総合評価方式、最低制限価格の設定、低入札価格調査制度があります。これらの制度の運用の組み合わせが必要になってきます。

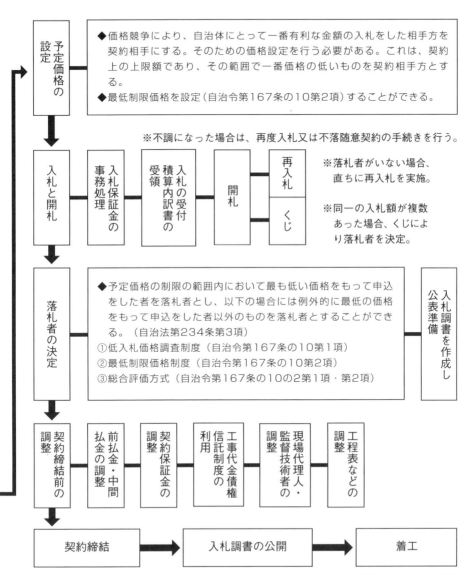

7. 指名競争入札の手続き

〔関係条文等〕
自治法第234条、自治令第167条・167条の11など

●指名競争入札の特徴

自治体が資力、信用その他について適切と認める特定多数を通知によって指名し、その特定の参加者をして入札の方法によって競争させ、契約の相手方となる事業者を決定し、その者と契約を締結する方式です。

長所	◆一般競争入札に比べ不良不適格業者を排除することができます。 ◆一般競争入札に比べ契約担当者の事務上の負担や経費の軽減を図ることができます。
短所	◆指名される者が固定化する傾向があります。 ◆談合が行われる懸念があります。

手順の概要（指名競争入札）

指名基準の設定	◆工事等級を「経営事項審査」の評定値を用いて定めるとともに、発注する工事等の標準金額を要綱などで定め、公表する。	○入札参加資格等 ◆契約締結能力を有しない者等を参加させてはならない。（自治令第167条の11第1項） ◆談合関与者等を3年間以内排除することができる。（自治令167条の11第1項） ◆あらかじめ工事等の実績、経営の規模等を参加要件として定めなければならない。（自治令第167条の11第2項）
指名業者の選定	◆競争入札業者選定委員会等の決定を必要とする。（選定委員会は規則等で設置…通常は内部委員）	
指名通知	◆指名競争入札により契約を締結しようとするときは、有資格者のうちから、入札に参加させようとする者を指名し、入札の場所・日時等の必要事項と併せて通知しなければならない。（自治令第167条の12第1項、第2項）	○一般的な事項 ◆工事や物品などの契約内容 ◆現場説明会の場所 ◆入札場所・日時 ◆条件違反の場合は無効とする ◆入札保証金関係 ◆入札方法（郵送など）の条件 ◆議会の議決契約かどうか

ポイント 自治体契約の特例として、指名競争入札があります。一般競争入札の短所を踏まえた制度ですが、指名競争入札独自の短所もあり、制度の運用には配慮が必要になってきます。一般競争入札と同様、落札者の決定においては、総合評価方式、最低制限価格の設定、低入札価格調査制度があります。これらの制度の運用の組み合わせが必要になってきます。

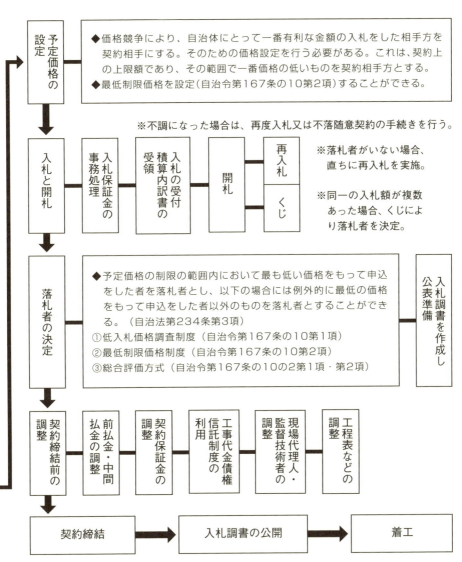

第8章 公共工事のさまざまな入札実務 — 137

8. 公募型指名競争入札の手続き

〔関係条文等〕
　自治法第234条、自治令第167条・第167条の11など
　適正化指針第2-2-(1)-①

● 公募型指名競争入札の特徴

　指名競争入札の短所である「①指名される者が固定化・限定化する傾向、②指名が恣意的に行われ談合が容易」の二つの欠点を克服するため、適正化指針では積極的な活用を位置付けています。

手順の概要（指名競争入札）

公表	◆公募型指名競争入札を実施する旨の実施要領を公開し、参加希望を受け付ける。公表は掲示板・電子入札サービスシステム・ホームページで行う。 ◆工事件名・工事期間・場所・概要・前払金・参加資格要件等を公表する。	○入札参加資格等 ◆契約締結能力を有しない者等を参加させてはならない。（自治令第167条の11第1項） ◆談合関与者等を3年間以内排除することができる。（自治令167条の11第1項） ◆あらかじめ工事等の実績、経営の規模等を参加要件として定めなければならない。（自治令第167条の11第2項）
参加申請	◆指定された期限までに参加申請を受け付ける。同時に定められた書類を提出させる。	◆提出書類は、「建設業許可書」「経営事項審査結果通知」「官公庁工事発注実績」「法人税納税証明書」などである。
技術審査と指名事業者の選定	◆実施要領に定める参加資格と提出書類をもとに参加資格を審査する。 ◆資格を有しないものには審査結果を通知する。	競争入札業者選定委員会等の決定。
指名通知	◆指名競争入札により契約を締結しようとするときは、有資格者のうちから、入札に参加させようとする者を指名し、入札の場所・日時等の必要事項と併せて通知しなければならない。（自治令第167条の12第1項、第2項）	○一般的な事項 ◆工事や物品などの契約内容 ◆現場説明会の場所 ◆入札場所・日時 ◆条件違反の場合は無効とする ◆入札保証金関係 ◆入札方法（郵送など）の条件 ◆議会の議決契約かどうか

指名競争入札の実施方法として、公募型(参加希望型)指名競争入札があります。この方法は、自治令の規定ではなく、適正化指針に記述があり、積極的な活用を位置付けています。

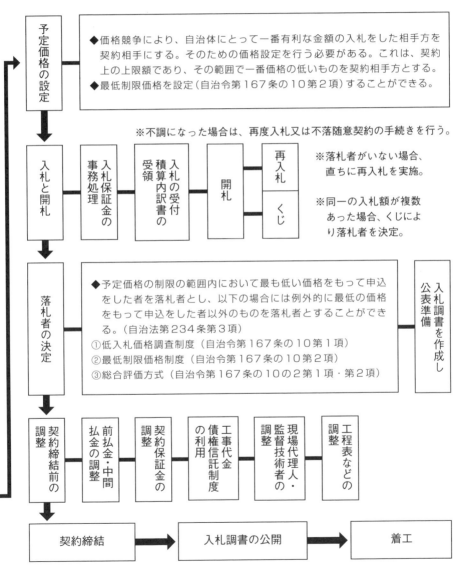

9. 入札保証金制度

〔関係条文等〕
自治法第234条第4項、自治令第167条の7、民法第420条

●入札保証金制度の仕組み

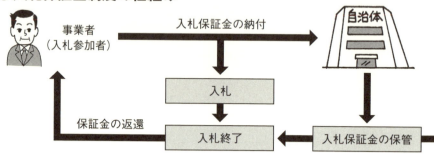

入札保証金の納付・免除・担保　　自治体の規則の定めによる。

区分	受注者の選択	証券の名称
1. 現金の納付	自治体の納付書により「歳入歳出外現金」として整理	
2. 納付の免除	（1）損害保険会社の入札保証保険	入札保証保険証券
	（2）金融機関の契約保証の予約	保証予約証書
	（3）保証事業会社の契約保証予約	契約保証予約証書
	（4）自治体の長が定める資格をもつ事業者	
3. 担保	（1）金融機関の入札保証	保証書
	（2）国債及び地方債	
	（3）金融機関振り出しの小切手その他の有価証券	

根拠条文

自治令
（一般競争入札の入札保証）
第167条の7（一般競争入札の入札保証）　普通地方公共団体は、一般競争入札により契約を締結しようとするときは、入札に参加しようとする者をして当該普通地方公共団体の規則で定める率又は額の入札保証金を納めさせなければならない。
2　前項の規定による入札保証金の納付は、国債、地方債その他普通地方公共団体の長が確実と認める担保の提供をもつて代えることができる。

ポイント 自治体の契約においては、入札に参加する者から、入札保証金を納めさせることになっています。これは、発注する請負契約または売買契約の入札において、入札参加者が落札したにもかかわらず契約締結を行わないことにより発注者が被る損害に備えるためです。金額及び率等については、各自治体の規則の定めによります。

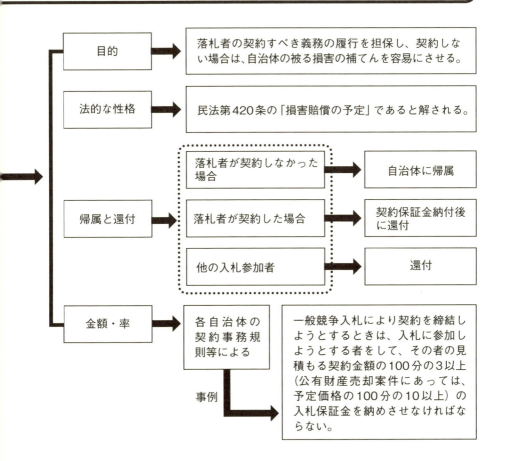

会計法
第29条の4　契約担当官等は、前条第1項、第3項又は第5項の規定により競争に付そうとする場合においては、その競争に加わろうとする者をして、その者の見積る契約金額の百分の五以上の保証金を納めさせなければならない。ただし、その必要がないと認められる場合においては、政令の定めるところにより、その全部又は一部を納めさせないことができる。

国の場合は会計法に規定がある〈参考〉

第8章　公共工事のさまざまな入札実務 — 141

10. 再度入札とくじによる落札

〔関係条文等〕
　自治令第167条の8、第167条の9、第167条の2第1項第8号

●**再度入札の実施** ……事務量・事務コストが増加します。

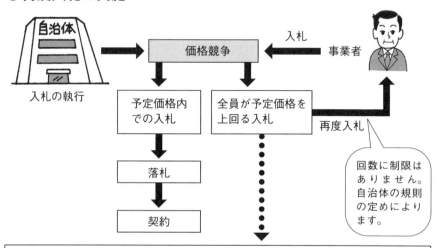

2回目以降、全員が辞退した場合は不調となり入札は中止となります。

①再度公告入札…仕様の変更、予定価格の変更などを踏まえ、最初から入札をやり直します。

②不落随意契約…自治令第167条の2第1項第8号の規定による随意契約とすることができます。（事業者と交渉）

根拠条文

自治令
第167条の8（第4項）普通地方公共団体の長は、第一項の規定により開札をした場合において、各人の入札のうち予定価格の制限の範囲内の価格の入札がないとき（第167条の10第2項の規定により最低制限価格を設けた場合にあっては、予定価格の制限の範囲内の価格で最低制限価格以上の価格の入札がないとき）は、直ちに、再度の入札をすることができる。

ポイント　自治体の契約制度では、落札者の決定に関して「再度入札」と「くじによる落札」が制度化されています。再度入札とくじによる決定は、いずれも落札者を公正に決定するための制度ですが、適正な予定価格の設定、最低制限価格制度の運用などによって、「再度入札」及び「くじによる決定」が減少するようにしなければなりません。

●くじによる落札者の決定 …… 事務量・事務コストが増加します。

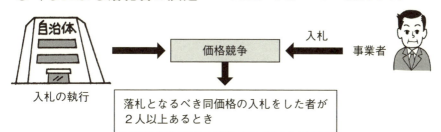

※くじの方法は自治体で決定します。

方法①		方法②	方法③
昔ながらのくじ引きにより決定		定められ計算ルールによって決定	
「こより」や棒などによる方法	抽選機による方法	3桁の番号を入札時に記載させ、これをもとに計算した結果で落札者を決定	受付番号、法人番号をもとに計算した結果で落札者を決定

ココに注意！

びっくりするような事例も発生しています。
　Y県Y市では、平成30年に38者によるくじ引きが行われました。その全員が最低制限価格（円単位で設定）と同額だったそうです。
（P122　トピックス参照）

根拠条文

自治令
第167条の9　普通地方公共団体の長は、落札となるべき同価の入札をした者が2人以上あるときは、直ちに、当該入札者にくじを引かせて落札者を定めなければならない。この場合において、当該入札者のうちくじを引かない者があるときは、これに代えて、当該入札事務に関係のない職員にくじを引かせるものとする。

トピックス

くじによる落札…計算方法の事例

自治令第167条の9の規定により、「自治体は、落札となるべき同価の入札をした者が2人以上あるときは、直ちに、当該入札者にくじを引かせて落札者を定めなければならない。」と定められています。くじの方法は、特段の規定はありませんから、昔ながらのくじ引きでも構いませんが、公平で透明性のあるものでなければなりません。

電子入札などでは定められた計算ルールによって決定されますので、計算方法の事例を紹介します。

【計算事例】
1. 入札参加者は入札書に任意の3桁の数値（くじ番号①）を記入します。
2. 同額入札者のくじ番号を合計（②）し同額入札者数で除した「余り（③）」を求めます。
3. 次により同額入札者に0から順位を付します。
   （1）開札日が奇数日の時…競争入札参加者名簿の
       事業所番号の昇順（④-1）
   （2）開札日が偶数日の時…競争入札参加者名簿の
       事業所番号の降順（④-2）
4. 同額入札者のくじ番号を合算し同額入札者数で除した「余り」と同じ順位の者をくじ当選者とします。

入札参加者		E社	F社	G社
競争入札参加者名簿の事業所番号		9100000010	9100000020	9100000030
①入札書記載のくじ番号		839	026	224
②くじ番号の合計（3者）		1089		
③同額入札者数で除した「余り」		1089÷3＝363　余り0		
開札日が奇数日のとき	入札順位（番号昇順）④-1	0 落札者 E社	1	2
開札日が偶数日のとき	入札順位（番号降順）④-2	2	1	0 落札者 G社

これは、1つの事例ですが、自治体によって様々な工夫がなされています。

公共工事の
契約実務のポイント

1. 契約締結と契約保証金

〔関係条文等〕
自治法第234条の2第2項、自治令第167条の16、民法第420条

●契約と契約保証金のしくみ

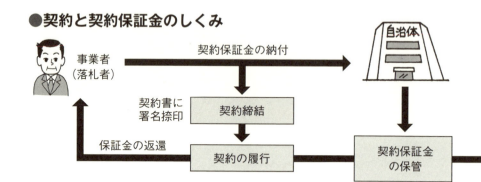

契約保証金の納付・免除　　自治体の規則の定めによる

発注者の選択		受注者の選択
履行保証の要求	①金銭的保証措置の要求	1. 自治体の納付書により「歳入歳出外現金」として整理 2. 国債その他の有価証券 3. 金融機関の履行保証（保証書） 4. 前払保証事業会社の履行保証（契約保証証書） 5. 履行保証保険（証券）
	②役務的保証措置の要求	公共工事履行保証証券
履行保証の免除 （※自治体の規則等に免除の規定を設ける…契約額・内容等の基準設定。）		

> 根拠条文
>
> 自治令第167条の16　普通地方公共団体は、当該普通地方公共団体と契約を締結する者をして当該普通地方公共団体の規則で定める率又は額の契約保証金を納めさせなければならない。
> 2　第167条の7第2項の規定は、前項の規定による契約保証金の納付についてこれを準用する。

ポイント 自治体の発注する請負契約または売買契約においては、契約者から、契約保証金を納めさせることになっています。これは、契約の履行にあたり、相手方の完全な契約の履行を確保し、債務不履行の場合は、自治体の被る損害を補てんさせるためです。金額及び率等については、各自治体の規則の定めによります。

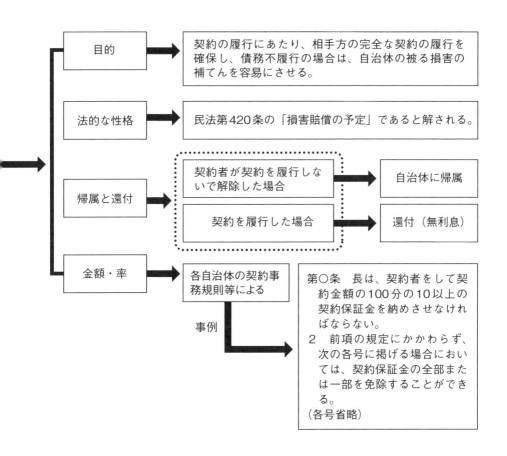

国の場合は会計法に規定がある〈参考〉

会計法第29条の9 契約担当官等は、国と契約を結ぶ者をして、契約金額の百分の十以上の契約保証金を納めさせなければならない。ただし、他の法令に基づき延納が認められる場合において、確実な担保が提供されるとき、その者が物品の売払代金を即納する場合その他政令で定める場合においては、その全部又は一部を納めさせないことができる。

2. 社会保険加入ガイドライン

〔関係条文等〕
　社会保険加入ガイドライン

●社会保険加入ガイドラインの概要

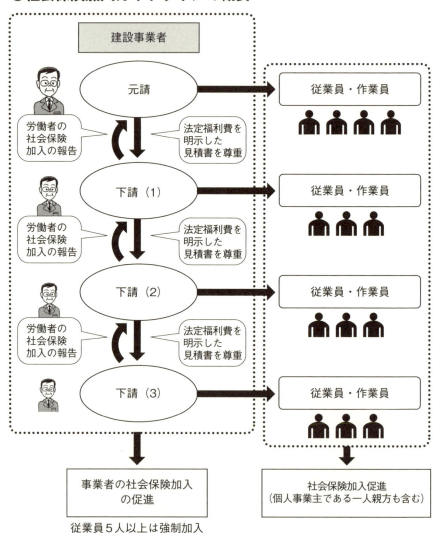

社会保険加入ガイドラインは、建設業における社会保険の加入について、元請企業及び下請企業がそれぞれ負うべき役割と責任を明確にするために制定され、平成24年11月から施行されています。社会保険は「雇用保険」「医療保険」「厚生年金保険」から成り立っており、建設労働者の雇用の安定につながっています。

●社会保険加入ガイドラインの目的

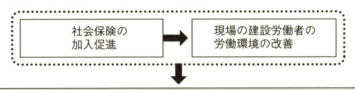

社会保険とは？

雇用保険	労働者が加入する保険であり、企業が倒産した場合など、次の就業までの間の失業給付制度があります。事業主・代表者・役員を除き労働者は強制加入となります。
医療保険	病気、けが、入院などの場合に医療給付が受けられる保険です。協会けんぽ、健康保険組合、市町村国保など医療保険者が運営する医療保険制度に加入することになります。
厚生年金保険	労働者が退職したのちに、年金受給資格が発生したときに年金が受給できる保険です。

保険料の負担は？

雇用保険のうち、「雇用安定事業」「能力開発事業」の保険料は全額事業主負担になります。

市町村国保は事業主の負担はなく全額本人の負担となります。

3. スライド条項の運用

〔関係条文等〕
公共工事標準請負契約約款第 25 条

●スライド条項運用のしくみ

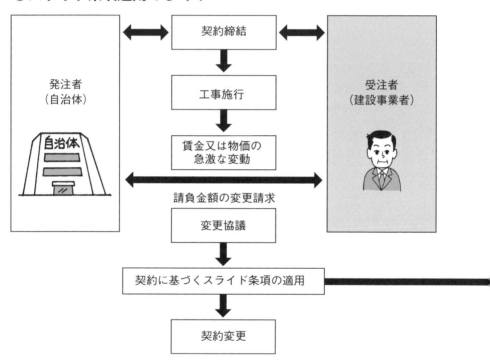

スライド条項はリスク分担のルール　国の事例を参考

リスクの種類		リスクの内容	負担者	
			発注者	事業者
物価	賃金	基準（入札説明書等）を超える変動	○	
		基準（入札説明書等）を超えない変動		○

ポイント 契約の締結後、賃金又は物価に大幅な変動が生じた場合、相手方に対して物価等の変動による請負額の変更申請ができます。この制度は、契約書に盛り込まれる「スライド条項（公共工事標準請負契約約款第25条）」が根拠となり、双方の協議によりスライド条項が適用されます。制度には、全体スライド、単品スライド、インフレスライドがあります。

●全体スライド、単品スライド及びインフレスライドの違い

工事請負契約書第25条第1項～第4項（全体スライド条項）運用マニュアル（暫定版）
国土交通省大臣官房技術調査課（平成25年9月）より

項目		全体スライド（第25条第1項から第4項）	単品スライド（第25条第5項）	インフレスライド（第25条第6項）
適用対象工事		工期が12ヶ月を超える工事 但し、基準日以降、残工期が2ヶ月以上ある工事（比較的大規模な長期工事）	すべての工事（運用通達発出日時点で継続中の工事及び新規契約工事）	すべての工事 但し、基準日以降、残工期が2ヶ月以上ある工事（運用通達発出日時点で継続中の工事及び新規契約工事）
請負額変更の方法	対象	請負契約締結の日から12ヶ月経過した基準日以降の残工事量に対する資材、労務単価等	部分払いを行った出来形部分を除く全ての資材（鋼材類、燃料油類等）	運用通達に基づく被災三県において賃金水準の変更がなされた日以降の残工事量に対する資材、労務単価等
	受発注者の負担	残工事費の1.5%	対象工事費の1.0%（但し、全体スライド又はインフレスライドと併用の場合、全体スライド又はインフレスライド適用期間における負担はなし）	残工事費の1.0%（29条「天災不可抗力条項」に準拠し、建設業者の経営上最小限度必要な利益まで損なわないよう定められた「1%」を採用。）
	再スライド	可能（全体スライド又はインフレスライド適用後、12ヶ月経過後に適用可能）	なし（部分払いを行った出来形部分を除いた工期内全ての資材を対象に、精算変更契約後にスライド額を算出するため、再スライドの必要がない）	可能（運用通達に基づく被災三県において賃金水準の変更がなされる都度、適用可能）

4. 前払金・中間前払金保証制度

〔関係条文等〕
　公共工事の前払金保証事業に関する法律、自治法第232条の5
　自治令附則第7条、自治法施行規則第3条

●前払金保証制度のしくみ

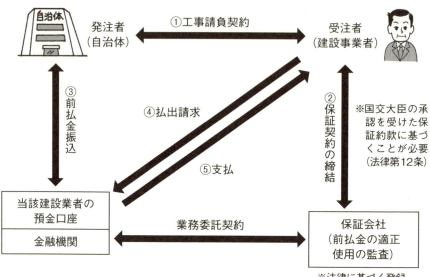

前払金保証制度のメリット

発注者	受注者
前払金を支出する場合、受注者の金利負担分の積算が不要になり、その分工事費（一般管理費）が節減される。	前払金によって、低廉な保証料で着工資金を円滑に調達できる。
工事の着工、施工に必要な資金を前払いすることにより、適正な施工が確保される。	前払金によって、下請企業や資材を、早期に手当てすることができる。
部分払の際に行う工事出来高検査などに伴う事務手続きが軽減される。	前払金保証には保証人や担保を設定する必要がない。

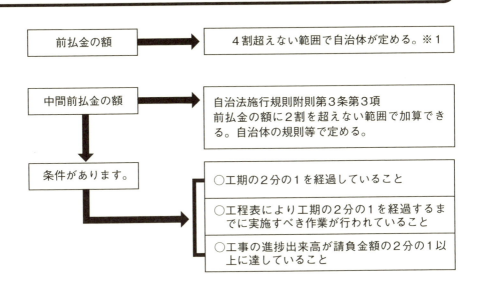

前払金・中間前払金は「支出の特例」に該当

支出の原則（確定払）	支出の特例
①債務金額が確定	資金前渡、概算払、**前金払**、繰替払、隔地払、口座振替
②債権者が確定	
③履行期限の到来	

参考条文

※1 自治法施行規則　附則
第3条　公共工事に要する経費のうち工事一件の請負代金の額が50万円以上の土木建築に関する工事（土木建築に関する工事の設計及び調査並びに土木建築に関する工事の用に供することを目的とする機械類の製造を除く。第3項において同じ。）において、当該工事の材料費、労務費、機械器具の賃借料、機械購入費（当該工事において償却される割合に相当する額に限る。）、動力費、支払運賃、修繕費、仮設費（第3項において「材料費等」という。）に相当する額として必要な経費の前金払の割合は、これらの経費の4割を超えない範囲内とする。

5. 技術者の配置

〔関係条文等〕
建設業法第26条第3項・第4項

●建設業法における技術者制度の概要

許可を受けている業種	指定建設業（7業種）			
	一 土木工事業 二 建築工事業 三 電気工事業	四 管工事業 五 鋼構造物工事業 六 舗装工事業	七 造園工事業	
許可の種類	特定建設事業		一般建設事業	
元請工事における下請代金の総額	4.5千万円以上（建築工事は7千万円以上）	4.5千万円未満（建築工事は7千万円未満）	4.5千万円以上（建築工事7千万円以上）は契約できない	
配置等 現場の技術者	現場に配置する技術者	監理技術者		主任技術者
	技術者の資格要件	一級国家資格者 国土交通大臣特別認定者		一級国家資格者 二級国家資格者 実務経験者等

専任技術者の配置が必要な工事	公共性のある施設若しくは工作物又は多数の者が利用する施設若しくは工作物に関する重要な建設工事で政令で定める工事（建設業法第26条第3項）
	国又は地方公共団体が注文者である施設又は工作物に関する建設工事等で工事一件の請負代金の額が4,000万円（当該建設工事が建築一式工事である場合にあつては、8,000万円）以上のものとする。（建設業法施行令第27条）

監理技術者の資格とは

元請負の**特定建設業者**が当該工事を施工するために締結した下請契約の請負代金総額が4,500万円以上（建築一式工事は7,000万円以上）になる場合に当該工事現場に専任で配置される、**施工の技術上の管理をつかさどる技術者**。

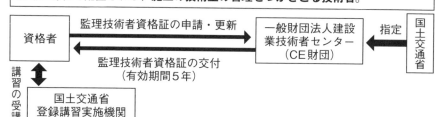

自治体の公共工事においては、監理技術者、主任技術者の配置が重要になってきます。技術者の配置は、現場の安全性の確保とともに、発注者との調整、下請業者との調整、工事の進行管理など重要な役割があります。特に公共性のある施設等の工事では専任技術者の配置が必要になります。

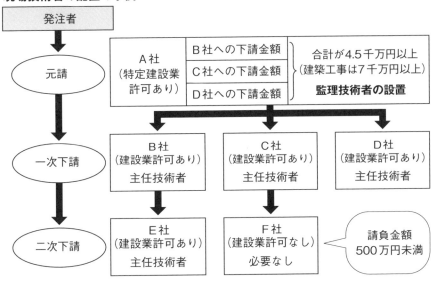

現場技術者の配置の事例

6. 工事の竣工検査

〔関係条文等〕
　自治法第234条の2第1項、自治令第167条の15第2項
　支払遅延防止法第5条

●工事の竣工検査の流れ

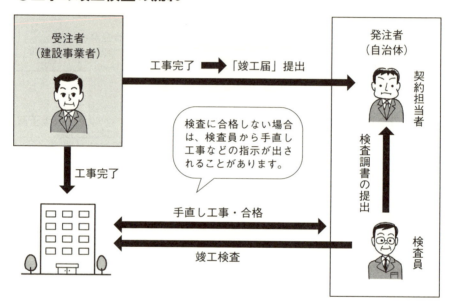

自治令第167条の15　第2項　　　　　　　　　　　　　　　　　　　　　根拠条文
　地方自治法第234条の2第1項の規定による検査は、契約書、仕様書及び設計書その他の関係書類（当該関係書類に記載すべき事項を記録した電磁的記録を含む。）に基づいて行わなければならない。

支払遅延防止法　　　　　　　　　　　　　　　　　　　　　　　　　　　根拠条文
（給付の完了の確認又は検査の時期）
第5条　前条第一号の時期は、国が相手方から給付を終了した旨の通知を受けた日から
　　工事については14日、その他の給付については10日以内の日としなければならない。
（この法律の準用）
第14条　この法律（第12条及び前条第2項を除く。）の規定は、地方公共団体のなす
　　契約に準用する。

自治体の工事契約について、受注者から工事の竣工届が提出された場合には、自治体は14日以内（工事以外の給付については10日以内）に竣工検査を実施しなければなりません。竣工検査は、自治体の検査員によって行われ検査調書が作成されます。

●自治体の検査の種類

竣工検査	工事又は製造の完成を確認するための検査

○自治体の検査には、竣工検査以外に下記のような検査があります。

完了検査	物品の完納、修繕その他給付の完了を確認するための検査
既済部分検査又は既納部分検査	給付の完了前に代価の一部を支払う必要がある場合において行う工事若しくは製造の既済部分又は物件の既納部分の確認をするための検査
中間検査	工事又は製造の完成、物品の完納その他給付の完了前において行う性能又は仮組立状態その他の確認をするための検査
清算検査	契約を解除しようとする場合において行う既済部分又は既納部分の確認をするための検査
材料検査	契約の相手方がその給付を行うために使用する材料の確認をするための検査

●検査員と検収員の違い

○検査員も検収員も自治体の契約に関する検査を行いますが、検査の対象となる契約に違いがあります。

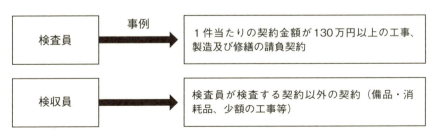

7. 工事代金の支払と債権譲渡

〔関係条文等〕
自治法第170条第2項第6号、第232条の3、第232条の4、
第232条の5、支払遅延防止法第6条

●工事代金の支払いの流れ

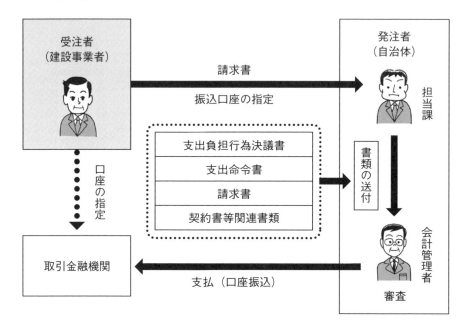

> **ココに注意！**
>
> 自治体の支払いの原則は「小切手払」ですが、小口の場合は現金で支払うこともあります。実際の実務では、支出の特例である「口座振替（銀行振込）」による支払いが主流になっています。

根拠条文

支払遅延防止法
（支払の時期）
第6条　第4条第2号の時期は、国が給付の完了の確認又は検査を終了した後相手方から適法な支払請求を受けた日から工事代金については40日、その他の給付に対する対価については30日（以下この規定又は第7条の規定により約定した期間を「約定期間」という。）以内の日としなければならない。

ポイント　工事代金の支払いは、工事完了後の請求により①長の支出命令、②会計管理者の審査を経て債権者（工事受注者）に支払われます。この手続きには、公金の支出の原則が適用されます。債権譲渡を自治体が認めた場合は、債権の譲渡先に支払います。金融機関の債権信託制度を利用することにより、受注者の資金調達がスムーズになるメリットがあります。

●工事代金を債権譲渡した場合

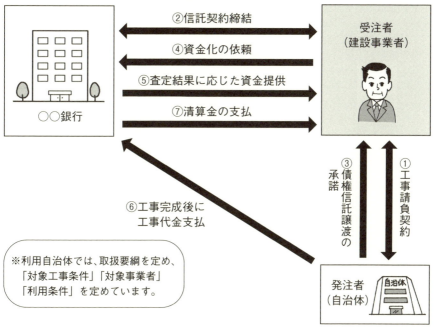

※事例…○○銀行による公共工事代金債権信託制度（コントラスト）による資金調達

※利用自治体では、取扱要綱を定め、「対象工事条件」「対象事業者」「利用条件」を定めています。

メリット
○公共工事発注者の信用力を背景に低コストでの資金調達が可能となります。
○工事完成前に工事請負代金債権を現金化できます。
○決算書等の提出は不要なので迅速な対応が可能です。

「請求書の日付」
　役所の事務的な都合から、請求書の日付を空欄で提出させることがありました。請求書の日付は、支払遅延防止法の支払期限の起算日になりますから重要です。
　請求書の日付を空欄で提出させるような慣行はやめましょう。

8. 工事成績評定

〔関係条文等〕
品確法第7条第1項第6号

●工事成績評定の流れ

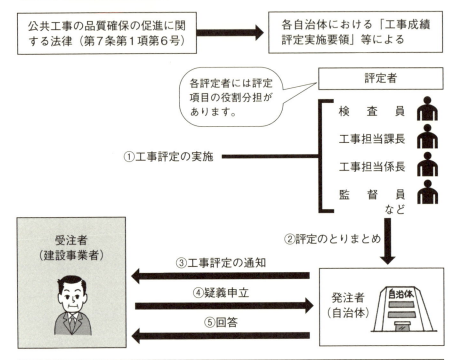

根拠条文

公共工事の品質確保の促進に関する法律
（発注者の責務）
第7条 発注者は、基本理念にのっとり、現在及び将来の公共工事の品質が確保されるよう、公共工事の品質確保の担い手の中長期的な育成及び確保に配慮しつつ、仕様書及び設計書の作成、予定価格の作成、入札及び契約の方法の選択、契約の相手方の決定、工事の監督及び検査並びに工事中及び完成時の施工状況の確認及び評価その他の事務（以下「発注関係事務」という。）を、次に定めるところによる等適切に実施しなければならない。
6 必要に応じて完成後の一定期間を経過した後において施工状況の確認及び評価を実施するよう努めること。

ポイント 工事の竣工検査が終了した場合、自治体は速やかに「工事成績評定」を実施し、受注者に通知します。この評定点は、工事の出来ばえを評価する客観的な基準になるとともに、社会貢献の実績なども加味されます。工事成績評定は、自治体の実施する総合評価方式の契約に活用されることになります。

●工事成績評定項目の事例

評定項目・細目			評定点/満点
基本的な技術力と成果の評価	施工体制	施工体制全般	〇〇/△△点
		配置技術者	〇〇/△△点
		対外調整	〇〇/△△点
	現場管理	安全衛生管理	〇〇/△△点
		工程管理	〇〇/△△点
	施工管理	施工管理	〇〇/△△点
		品質管理	〇〇/△△点
		出来ばえ	〇〇/△△点
技術力の発揮			〇〇/△△点
創意工夫と熱意			〇〇/△△点
社会的貢献			〇〇/△△点
法令遵守等			〇〇/△△点
（総評定点）			〇〇/100点

詳細な評定項目と評定基準が設定されます。

工事成績評定結果の活用

総合評価方式による契約 → 技術力等による評価 / 価格による評価

ココに注意！ 契約方法で「総合評価方式」を用いた場合、当該事業者の技術力、社会的貢献（地域貢献）などが評価（審査）の対象となることから、各事業者は「総評定点」がおおいに気になるんですね。

トピックス

電子契約の導入が加速か

　電子契約という課題があります。自治法第234条第5項の規定は、①紙による契約(双方が記名捺印)、②電子契約(双方が電子署名)のいずれかによることができることになっています。しかし、自治体が電子契約を実施しているケースはありませんでした。

　これまで自治体と民間事業者間における電子契約は、厳格な規定のため普及がなかなか進みませんでした。しかし、令和3(2021)年1月29日の地方自治法施行規則第12条の4の2の改正により、契約に利用できる電子署名の種類が大幅に広がり、クラウド型電子署名も利用可能になったことから電子契約の普及が加速しています。

　この規制緩和により、新潟県三条市及び茨城県が電子契約の実施を発表しています。三条市は、令和3(2021)年3月、GMOグローバルサイン・HDの電子契約サービスの導入を決定したと発表しました。また、茨城県も令和3(2021)年5月下旬に立会人型の電子契約サービス、弁護士ドットコムのクラウドサインを導入予定であると発表、これまでは書面のみだった民間企業などとの契約を電子化できるとしています。

　電子契約は、下記の法律によって可能になってきましたが、自治法施行規則の改正の規制緩和により、今後、自治体への導入が加速するものと思われます。

法律名(省略)	法律名	施行
①電子帳簿保存法	電子計算機を使用して作成する国税関係帳簿書類の保存方法等の特例に関する法律	平成10年7月施行
②電子署名法	電子署名及び認証業務に関する法律	平成13年4月施行
③IT書面一括法	書面の交付等に関する情報通信の技術の利用のための関係法律の整備に関する法律	平成13年4月施行
④e-文書法	「民間事業者等が行う書面の保存等における情報通信の技術の利用に関する法律」と「民間事業者等が行う書面の保存等における情報通信の技術の利用に関する法律の施行に伴う関係法律の整備等に関する法律」の総称	平成17年4月施行

進化する契約制度の透明化と不正の防止策

1. 予定価格の適正化

〔関係条文等〕
  品確法第7条第1項第1号
  適正化指針第2-4-(1)

●適正な予定価格の設定

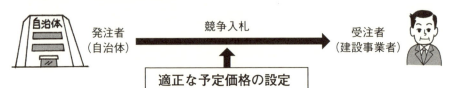

適正価格でないと ━━▶ ダンピング受注と同様な弊害が発生します。

- ①工事の手抜きが発生。
- ②下請業者へのしわ寄せが発生。
- ③従事する者の賃金その他の労働条件が悪化。
- ④安全対策の不徹底等につながる。
- ⑤建設業の若年入職者の減少の原因となる。

━▶ 建設業全体の健全な発展を阻害

工事費の構成

工事費を例にとれば、次のような各項目について、適正な積算と設計をする必要があるんですね。

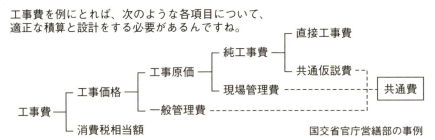

国交省官庁営繕部の事例

根拠条文

品確法第7条第1項第1号
　公共工事を施工する者が、公共工事の品質確保の担い手が中長期的に育成され及び確保されるための適正な利潤を確保することができるよう、適切に作成された仕様書及び設計書に基づき、経済社会情勢の変化を勘案し、市場における労務及び資材等の取引価格、施工の実態等を的確に反映した積算を行うことにより、予定価格を適正に定めること。

ポイント 自治体の発注する工事等については、予定価格の適正化が重要になってきます。予定価格が適正に設定されないと、ダンピング受注と同様な弊害が発生し、産業全体の健全な発展を阻害するとともに、現場労働者へのしわ寄せが発生します。過去に「歩切り」が横行していましたが、現在は明確に法律違反とされています。

過去の悪い事例

「歩切り」 ← 違反 品確法第7条第1項第1号

適正に積算された予定価格を、根拠なく一定の率で削減する方法であり、過去に多くの自治体で運用されていました。

適正価格設定への対策 　　　　　　　　　　　　　　　　　　　国交省HPより

課題		対策
発注者によっては予定価格の設定が入札の数か月以上前になる場合があり、適用する単価が古いものとなっている。		予定価格の設定について、入札日直近の最新単価を適用したものへの徹底。（予定価格が事前公表の場合であっても、直近の予定価格に基づき修正公告等）
乖離の恐れがある場合	刊行物の掲載価格が一部で実勢価格の上昇に追いつかず、実勢との乖離が見られる。	(1) 材料価格・複合単価・市場単価について、業者・メーカー等から見積もりの提出を求め、単価設定で考慮する。
		(2) 見積単価については、業者・メーカー等からの見積収集を的確に実施した上で、過去の工事実績に加え、変動する経済環境や価格動向等を総合的に考慮して、適切に設定。
	見積単価の設定が市場の実態に合っていない。	(3) 最新の単価を適用してもなお不落・不調となった場合には、入札参加者からも見積もりの提出を求める方法等を活用すること。
業者が資材高騰等のリスクを嫌い応札しない。		契約後の資材や労務費の高騰に備え、いわゆるスライド条項の適切な設定・活用を図るとともに、その旨を建設業者に周知徹底。
発注の前提となっている設計図書に基づく数量、施工条件等が施工実態と乖離している場合がある		左記の課題の場合は、その適切な見直しを図るよう周知徹底。

2. 反社会的勢力の排除

〔関係条文等〕
暴力団員による不当な行為の防止等に関する法律
自治令第167条の4第1項第3号　適正化指針第2-6-(1)

●反社会的勢力との付き合いは一切ダメ!!

対応マニュアルの作成

反社会的勢力とは？　　特に暴力団対策が重要です。

> 暴力や威力、あるいは詐欺的な手法を駆使し、不当な要求行為により、経済的利益を追求する集団や個人の総称です。

根拠条文

自治令第167条の4　（一般競争入札の参加者の資格）
第1項　普通地方公共団体は、特別の理由がある場合を除くほか、一般競争入札に次の各号のいずれかに該当する者を参加させることができない。
　三　暴力団員による不当な行為の防止等に関する法律（平成3年法律第77号）第32条第1項各号に掲げる者

適正化指針第2-6-(1)
ホ　経営を暴力団が支配している企業等の暴力団関係企業が公共工事から的確に排除されるよう、各省各庁の長等は、警察本部との緊密な連携の下に十分な情報交換等を行うよう努めるものとする。また、暴力団員等による公共工事への不当介入があった場合における警察本部及び発注者への通報・報告等を徹底するとともに、公共工事標準請負契約約款に沿った暴力団排除条項の整備・活用により、その排除の徹底を図るものとする。

ポイント　全ての自治体業務で、反社会的勢力との関係を持つことは禁止されています。公共工事等の契約でも違反行為があれば、契約の解除、損害賠償の対象になります。反社会的勢力は、知らないうちに自治体の業務に入り込む可能性があります。対策としては、対応マニュアルの作成、日常的に地元警察との情報交換に努めることが重要になってきます。

◆何よりも「三ない」＋1運動の考え方が大事です。

暴力団を利用しない	すべてを「金づるにする」それが暴力団の姿勢です。
	暴力団を利用したつもりが、骨の髄までしぼられます。
	暴力団は、タダでは動かず、法外な金を要求されます。
	暴力団は、相手が弱い、甘いと見ると、トコトン食らい付き離れません。
暴力団を恐れない	恐れは「誤ったイメージから」恐れることは暴力団を助長させます。
	暴力団は怖いものではありません。皆で相談し合い、団結して対応しましょう。
	暴力団を恐れず「存在を許さない」と皆で対決姿勢を持つことです。
暴力団に金を出さない	金が「腐れ縁の元」暴力団を支援・容認することになります。
	暴力団に金を出すことは、結果的には暴力団を認め、資金獲得の手助けをすることになります。
	暴力団は、一度味を占めると、何回も金を要求し続けて搾り取るのです。
	暴力団は、自らの遊びや組の活動資金を、常にかぎ回っているカネのための集団です。
暴力団と交際しない	交際は「暴力団の活動を助長」暴力団はあらゆる機会を狙って近づいてきます。
	暴力団と関係すること自体が不当要求のきっかけになることがあります。
	暴力団と交際していると「暴力団と社会的に非難されるべき関係にある者」とされ、公共事業等から排除されることがあります。

※公益財団法人　暴力団追放運動推進都民センター資料より

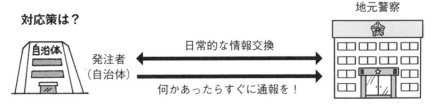

対応策は？

第10章　進化する契約制度の透明化と不正の防止策

3. 談合情報への対応

〔関係条文等〕
　入札談合等関与行為防止法、独占禁止法第3条又は第8条第1号
　適正化指針第2-3-(1)

● **談合は違法行為です!!**

談合情報への対応

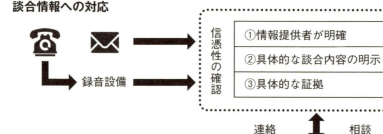

対応フロー「入札前」

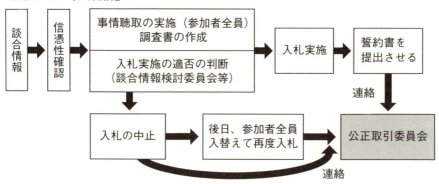

自治体契約で談合情報の提供があった場合、まずはその情報の信憑性の判断が重要になってきます。そのためにも、電話の会話内容を即座に録音できる体制を整えることや職員の間で談合マニュアルの徹底と模擬訓練などを実施しておくことが必要です。判断に困ったときは、公正取引委員会に連絡しアドバイスを受けることが好ましいと考えられます。

●入札談合とは

入札談合等関与行為防止法　第2条
4　この法律において「入札談合等」とは、国、地方公共団体又は特定法人（以下「国等」という。）が入札、競り売りその他競争により相手方を選定する方法（以下「入札等」という。）により行う売買、貸借、請負その他の契約の締結に関し、当該入札に参加しようとする事業者が他の事業者と共同して落札すべき者若しくは落札すべき価格を決定し、又は事業者団体が当該入札に参加しようとする事業者に当該行為を行わせること等により、私的独占の禁止及び公正取引の確保に関する法律（昭和22年法律第54号）第3条又は第8条第1号の規定に違反する行為をいう。

独占禁止法
第3条　事業者は、私的独占又は不当な取引制限をしてはならない。
第8条　事業者団体は、次の各号のいずれかに該当する行為をしてはならない。
　一　一定の取引分野における競争を実質的に制限すること。

対応フロー「入札後」

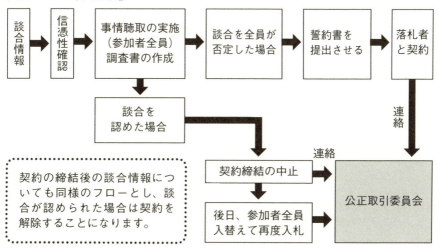

契約の締結後の談合情報についても同様のフローとし、談合が認められた場合は契約を解除することになります。

4.（仮称）公契約条例制定への取組み

● **公契約条例（公共調達条例）とは**　　野田市の条例の目的から

公契約に係る業務に従事する**労働者の適正な労働条件を確保**することにより、当該**業務の質の確保**及び**公契約の社会的な価値の向上**を図り、もって市民が豊かで安心して暮らすことのできる地域社会を実現する。

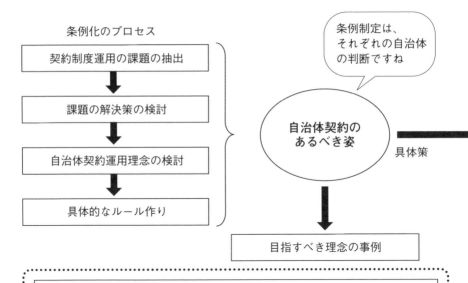

(1) 公正性、透明性及び競争性が確保されること。

(2) 調達品における良好な品質が確保されること。

(3) 良好な市民サービスが確保されること。

(4) 調達における適正な手続が確保されること。

(5) 良好な調達実績を有する事業者及び地域社会の発展に寄与する事業者を適正に評価すること。

ポイント 自治体の公契約制度の運用のため、条例・規則・要綱が制定されていますが、平成21年9月、労働者の適正な労働条件の確保等を目的にした条例が千葉県野田市で制定されました。また、契約制度全体の適正化を目指す条例も制定されつつあります。制定自治体は少数ですが、条例化せずとも、多くの自治体で様々な契約制度の改善が図られています。

●条例の理念による具体的な契約制度の運用事例

適正な予定価格の設定	下請け労働者の社会保険の加入促進
	歩切りの廃止
ダンピングの防止	品質の確保・現場の安全性の確保
適正な競争原理の確保	一般競争入札の原則
	指名競争入札の透明性の確保
	随意契約の透明性の確保
中小企業地元企業支援	分離・分割発注の実施
	ＪＶの義務化の検討
	総合評価方式の採用
	参加希望型指名競争入札の実施
契約制度の効率性の向上	複数年度契約の実施
	プロポーザル方式の採用
	包括的管理委託制度の実施
	ＣＭ方式・ＶＥ方式の採用
労働者の適正賃金の設定	国の労務単価を参考にした賃金の設定
労働者の実態把握	賃金支払報告書の提出等

ココに注意！ 各自治体によって様々な工夫ができるんですね。条例がなくとも、実施要綱などによって契約制度の改善は図ることができます。

5. 契約制度のさらなる改善

〔関係条文等〕
　各自治体の契約事務規則・要綱・基準・指針など

●契約制度の改善で最優先すべきは不正の防止

予定価格の事前公表については、慎重な検討が必要です。

契約制度の改善に向けた検討課題

◆契約関係のルールをわかりやすく公表（HPの点検）
◆工事成績評定の積極的活用（評価基準も公開）
◆総合評価方式の拡充（地域貢献企業の積極的評価）
◆プロポーザル方式の検討活用（提案を積極的に評価）
◆新たな発注方式の採用（デザインビルド・PFIなど）
◆入札説明会の廃止（業者の接点の回避・郵便入札の実施）
◆契約事務・財務会計事務の研修（職員の実務研修）
◆電子入札システムの導入（事務の効率化・透明化）
◆随意契約の見直し（透明性の確保）
◆政治倫理条例・職員倫理条例の対応（不正の抑止力）
◆業界団体との意見交換と要請（意見の反映など）
◆公共調達条例の検討（契約制度運用のルール化）

→ 契約制度の信頼性の確保

同様の弊害とは何か

　低入札価格調査基準価格及び最低制限価格については、その事前公表により、**当該近傍価格へ入札が誘導される**とともに、**入札価格が同額の入札者のくじ引きによる落札等が増加する**結果、適切な積算を行わずに入札を行った建設企業が受注する事態が生じるなど、**建設企業の真の技術力・経営力による競争を損ねる弊害が生じうる**こと、地域の建設業の経営を巡る環境が極めて厳しい状況にあることにかんがみ、事前公表は取りやめ、契約締結後の公表とすること。

自治体契約に関する地方自治法の規定は、大枠の骨格規定です。この規定をもとに、各自治体は地域の実態に沿って、様々な契約制度の改善を進めていく必要があります。改善を進めるにあたっては、現在の契約制度をよりわかりやすく事業者に公開し、多様な意見を踏まえることが重要になってきます。

●予定価格と秘密保持　過去の多くの不正事件は「予定価格」の漏えい

◆契約事務の秘密の最たるものが予定価格であり、いかなる場合も他にもらしてはならない。
◆予定価格の漏えいは、贈収賄事件や談合などの不正事件を引き起こす原因となっている。

○予定価格の事前公表　➡　予定価格の漏えいはなくなりました。

しかし、また新たな課題が発生…。

◆落札価格が不当に設定される可能性が上昇し、談合等を助長する懸念があります。
◆予定価格の近傍に入札額が集中し、落札額が高止まりしています。
◆入札額が同額になる率が上昇し、くじによる落札が増加しています。

予定価格の事前公表・事後公表は自治体の判断に委ねられています。

不正事件の発生は自治体全体の信頼性を失います。

◆信頼は一瞬のうちに失われます。その信頼を回復するには、何十倍もの努力と時間を必要とします。

予定価格等に関する国の通知（平成23年8月25日）

　予定価格についても、その事前公表によって**同様の弊害**が生じかねないこと等の問題があることから、事前公表の適否について十分に検討した上で、**弊害が生じた場合には速やかに事前公表の取りやめ等の適切な対応を行うものとする**こと。この際、入札前に入札関係職員から予定価格、低入札価格調査基準価格又は最低制限価格を聞き出して入札の公正を害そうとする不正行為を抑止するため、外部から入札関係職員に対する不当な働きかけ又は口利き行為があった場合の記録・報告・公表の制度を導入する等、談合等に対する発注者の関与の排除措置を徹底すること。

> **トピックス**

契約制度の運用と政策法務・政策財務

　自治体の契約制度とその実務は、政策（まちづくり）を支える基盤となるものです。自治体経営は、その基盤がしっかりしていないと、危機管理に対する対応力が失われてしまいます。その意味では、自治体の財務会計制度（契約制度を含む）の基礎知識と制度の活用力が、職員にとって重要になってきます。

　近年、自治体の政策法務と政策財務が注目されています。政策法務とは、政策の実現のために、法律を解釈し、法律を運用し、また、法律・条例を作り上げる一連の活動を指すものです。政策は、自治体とそこに暮らす市民の将来を含めた福祉の向上を目指すものです。また、政策を実現するには、政策を支える財源の確保も大切になってきます。この視点から政策財務も同時に注目されています。単なる財政運営とは異なる「未来志向型の財政体質」を政策的に作り上げることが自治体にとって必要だからです。

　契約制度の運用と活用は、まさに政策を実現するための「法務」と「財務」が大きくかかわってきます。様々な契約制度の活用で大きな財源や都市基盤を整備することも可能です。また、適正な競争によって、無駄を排除し税の有効活用が可能になってきます。したがって、契約制度の実務を単にルーチンワークとして捉えるのではなく、常に新しいルールを模索する「政策法務」を意識するとともに、税の有効活用を意識する「政策財務」の視点を心がけるようにしたいものです。

　ところで、「政策法務」という言葉は、自治体にいつごろから定着してきたのでしょうか。実は、この言葉を造ったとおっしゃる方が二人おられます。一人は、法政大学名誉教授であった「松下圭一氏（1929.8.19 〜 2015.5.6）」です。亡くなる直前にまとめられた著書「私の仕事―著述目録（2015.8.29 発行）」の中で、「自治体独自の＜政策法務＞（私の造語）」と述べられています。

　もう一人は、青森公立大学名誉教授の「天野巡一氏」です。彼も、松下氏と同じ自治体職員研究会に所属しており、様々な議論に加わっていた中で「政策法務は自分がつくった言葉だ」と話しておられます。筆者も一時期、東京多摩地区で設置されたこの研究会のメンバーであったことから、議論の経過は承知していますが、お二人で作られた合作の言葉であったと考えています。「政策法務」が産声をあげたのは、地方分権が大きく議論されていた 1990 年頃のことでした。

巻末資料

○自治体契約に関わる国からの通知等

○予定価格の適正な設定について(平成27年4月28日・国通知)

○市町村向け簡易型総合評価方式の評価基準及び得点配分の設定例

○契約制度の活用事例…旧小学校用地の売却

●自治体契約に関わる国からの主な通知等

P.177 ＊以降の通知は、総務省 HP を参照。

日付	通知名(同じ記号は同一趣旨の通知を意味する)		発信元
平成 20 年 3 月 31 日	公共工事の入札及び契約の適正化の推進について	○	総務省自治行政局長 国交省大臣官房建設流通政策審議官
平成 20 年 9 月 12 日	建設業における「安心実現のための緊急総合対策」の適切な実施について		総務省自治行政局長 国交省総合政策局長
平成 20 年 12 月 22 日	公共工事の入札及び契約の適正化の推進について	○	総務省自治行政局長 国交省総合政策局長
平成 21 年 1 月 30 日	公共工事における手続の迅速化等について		総務省自治行政局長 国交省大臣官房建設流通政策審議官
平成 21 年 6 月 12 日	公共工事の入札及び契約手続きの改善等について	△	総務省自治行政局長 国交省大臣官房建設流通政策審議官
平成 23 年 4 月 7 日	公共工事の入札及び契約手続きの更なる改善について	△	総務省自治行政局長 国交省大臣官房建設流通政策審議官
平成 23 年 8 月 25 日	公共工事の入札及び契約の適正化の推進について	○	総務大臣 国土交通大臣
平成 25 年 3 月 8 日	公共工事の迅速かつ円滑な施工確保について	▲	総務省自治行政局長 国土交通省土地・建設産業局長
平成 25 年 5 月 16 日	低入札価格調査における基準価格の見直し等について	□	総務省自治行政局長 国土交通省土地・建設産業局長
平成 26 年 1 月 24 日	公共工事の円滑な施工確保に係る当面の取組について	▲	総務省自治行政局長 国土交通省大臣官房官庁営繕部長 国土交通省土地・建設産業局長
平成 26 年 1 月 24 日	予定価格の適正な設定について	▼	総務省自治行政局長 国土交通省土地・建設産業局長
平成 26 年 9 月 30 日	公共工事の入札及び契約の適正化を図るための措置に関する指針の一部変更について		閣議決定

日付	通知名（同じ記号は同一趣旨の通知を意味する）		発信元
平成26年10月22日	公共工事の入札及び契約の適正化の推進について	○	総務大臣 国土交通大臣
平成27年1月30日	公共建築工事の円滑な施工確保に係る取組の強化について	■	国土交通省土地・建設産業局建設業課長
平成27年4月28日	予定価格の適正な設定について	▼	総務省自治行政局長 国土交通省土地・建設産業局長
平成27年10月27日	公共建築工事の円滑な施工確保に係る取組の強化について	■	国土交通省土地・建設産業局建設業課長
平成28年1月22日	公共工事の円滑な施工確保について	▲	総務省自治行政局長 国土交通省土地・建設産業局長
平成28年2月17日	施工時期等の平準化に向けた計画的な事業執行について		総務省自治行政局行政課長 国土交通省土地・建設産業局建設業課長
平成28年3月18日	低入札価格調査における基準価格の見直し等について	□	総総務省自治行政局長 国土交通省土地・建設産業局長
平成28年6月16日	建設業における社会保険等未加入の対策について		総務省自治行政局長 国土交通省土地・建設産業局長
平成28年6月30日	公共建築工事の円滑な施工確保について	■	国土交通省土地・建設産業局建設業課長
平成28年10月14日 平成29年2月10日	公共工事の円滑な施工確保について	▲	総務省自治行政局長 国土交通省土地・建設産業局長
平成29年3月15日	低入札価格調査における基準価格の見直し等について	□	総務省自治行政局長 国土交通省土地・建設産業局長
平成30年2月2日 平成30年11月9日	公共工事の円滑な施工確保について	▲	総務省自治行政局長 国土交通省土地・建設産業局長
令和元年10月18日*	公共工事の入札及び契約の適正化を図るための措置に関する指針の一部変更について		閣議決定

※平成26年9月30日及び令和元年10月18日に閣議決定されたものは「適正化指針」と呼ばれます。
※各通知に筆者が付した記号は、内容がほぼ同様の通知であることを示しています。

●予定価格の適正な設定について

総行行第86号
国土入企第1号
平成27年4月28日

各都道府県知事殿
(市町村担当課、契約担当課扱い)
各都道府県議会議長殿
(議会事務局扱い)
各指定都市市長 殿
(契約担当課扱い)
各指定都市議会議長殿
(議会事務局扱い)

総務省自治行政局長
国土交通省土地・建設産業局長

予定価格の適正な設定について

　公共工事の入札及び契約の適正化の促進に関する法律(平成12年法律第127号。以下「入札契約適正化法」という。)第1条では、適正な金額での契約の締結を法の目的として明確化しており、そのためには、まず、予定価格が適正に設定される必要があります。また、公共工事の品質確保の促進に関する法律(平成17年法律第18号)第7条第1項第1号では、公共工事の品質確保の担い手が中長期的に育成・確保されるための適正な利潤が確保されるよう、市場実態等を的確に反映した積算による予定価格の適正な設定が発注者の責務として位置づけられているところです。
　これを受け、公共工事の入札及び契約の適正化を図るための措置に関する指針(平成26年9月30日閣議決定により変更)において、予定価格の設定に当たっては、適切に作成された仕様書及び設計書に基づき、経済社会情勢の変化を勘案し、市場における労務及び資材等の最新の実勢価格を適切に反映させつつ、実際の施工に要する通常妥当な経費について適正な積算を行うこととされており、これらを踏まえ、「公共工事の入札及び契約の適正化の推進について」(平成26年10月22日付け総行行第231号・国土入企第14号)により、適正な積算に基づく設計書金額の一部を控除するいわゆる歩切りについては厳に行わないこと、予定価格の設定について必要に応じた見直しを行うことを要請したところです。
　このため、各地方公共団体における公共工事の予定価格設定時の「歩切り」に関し、入札契約適正化法第19条第3項に基づく措置状況の公表に資するための調査を実施

し、その結果を別紙のとおり取りまとめ、平成２７年４月２８日に公表しましたので、お送りします。

調査結果によれば、概ね全ての団体において「歩切り」の違法性及び定義等については理解しているところであり、約６割の団体が設計書金額と予定価格が同額となっていますが、約４割の団体では、設計書金額から減額して予定価格を決定している場合があるとしています。

減額理由としては、全体の約４分の１の団体で、慣例、自治体財政の健全化等のためと回答しており、このうち約３分の２の団体が「歩切り」の見直しを行う予定としています。

見直しを行う予定とした団体にあっては、着実に見直しを行うとともに、見直しを行うかどうか現時点では未定である、あるいは見直しを行う予定はないとした団体にあっては、入札契約適正化法等の趣旨を踏まえ、早期に見直しに向けた検討を行うよう、改めて、入札契約適正化法第２０条第２項に基づき、要請します。

今後、「見直しを行う予定はない」又は「未定」と回答した団体を中心に、その後の見直しの進捗状況について、本年夏頃を目途にフォローアップ調査を実施するとともに、その結果を踏まえ、個別に理由等を聴取するなどにより改善を促進していくこととしています。さらに、これらの取組を踏まえてもなお、「歩切り」の撤廃に理解をいただけないなどの場合には、必要に応じて個別の発注者名を公表する場合がありますので、ご承知おきください。

また、既に一部の県においては、地域発注者協議会等の発注者間の連携の場において、県内市町村間の申合せにより「歩切り」の撤廃が行われたところです。

各都道府県におかれては、貴都道府県内の市区町村（指定都市を除く。以下同じ。）における「歩切り」の見直しに向けた取組について助言を行うなどの支援に努めていただくとともに、市区町村の長及び議会の議長に対しても、本要請の周知をよろしくお願いいたします。

※予定価格の適正化は、特に重要である事から、繰り返し通知が出されています。
※予定価格の適正化は、平成26年9月30日閣議決定された「適正化指針」にも盛り込まれています。

●市町村向け簡易型総合評価方式の評価基準及び得点配分の設定例

(1) 企業の施工実績について

評価項目	評価基準	配点	得点
過去15年間の同種・類似工事の施工実績の有無	同種工事の実績あり	1	/1.0
	類似の工事の実績あり	0	
過去2年間の工事成績評定点の平均点	80点以上	2	/2.0
	70点以上 80点未満	1	
	70点未満	0	

(2) 配置予定技術者の能力について

評価項目	評価基準	配点	得点
主任(監理)技術者の保有する資格	1級土木施工管理技士または技術士	1	/1.0
	2級土木施工管理技士	0	
過去15年間の主任(監理)技術者の施工経験の有無	同種工事の実績あり	1	/1.0
	類似の工事の実績あり	0	

(3) 地理的条件ついて

評価項目	評価基準	配点	得点
地域内における本支店、営業所の所在地の有無	○○県内に本店、支店または営業所あり	1	/1.0
	○○県内に拠点なし	0	
過去15年間の近隣地域での施工実績の有無	施工実績あり	1	/1.0
	施工実績なし	0	

　この設定例は、「公共工事における総合評価方式活用検討委員会報告〜 総合評価方式適用の考え方 〜」平成19年3月(公共工事における総合評価方式活用検討委員会)に示されている内容です。

(4) 配置予定技術者の能力について（ヒアリング）

評価項目	評価基準	配点	得点
技術者の専門技術力 ・関連分野における施工経験や知識 ・担当工事における主体性、創意工夫の取組	実績として挙げた工事に中心的、主体的に参画し、創意工夫等の積極的な取組が確実にできる	1	/1.0
	実績として挙げた工事において適切な工事監理を行ったことが確認できる	0.5	
	その他	0	
当該工事の理解度・取組姿勢 ・当該工事の施工上の課題や問題点等の理解度 ・課題への対応に関する技術的な裏付け ・疑問点等に対する質問等の積極性	当該工事について適切に理解した上で、施工上の提案等積極的な取組姿勢が見られる	1	/1.0
	当該工事について適切に理解している	0.5	
	その他	0	
技術者のコミュニケーション能力	質問の意図を理解し、的確な応答ができる	1	/1.0
	その他		

(5) 得点合計

得点合計	/10

※基本形をもとに、各自治体で独自の評価基準の設定が可能です。

その他、市町村の独自設定事例	
下請け事業者の有無	障害者の雇用状況
防犯協力実績の有無	高年齢者の雇用状況
防災協定の締結の有無	男女平等・男女共同参画の取組の有無
ISO9001 または ISO14001 の認証取得の有無	ボランティア活動実績の有無
建設業退職金共済制度加入の有無	技術者の社会保険加入の有無

●契約制度の活用事例…旧小学校用地の売却

売却前

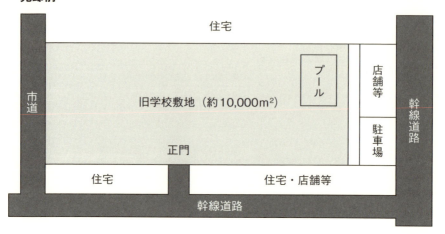

売却までの手順

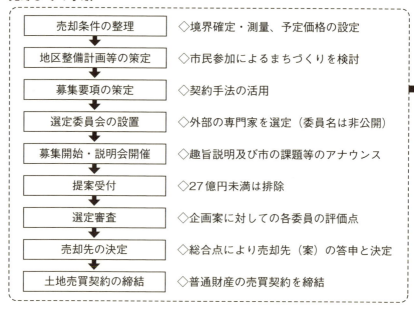

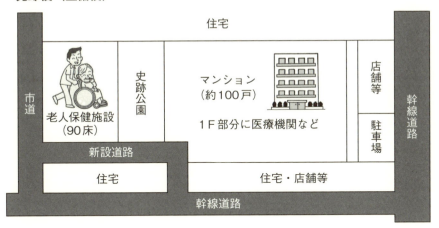

売却の条件と結果

① 最低提案価格…27億円を設定
② 地区整備計画と建築制限の条例を改正
③ 総合評価・プロポーザル方式を採用
④ 委員名は決定後に公表
⑤ 地域の政策課題を積極的にアピール
⑥ 6グループの提案を受付
⑦ 一次審査と二次審査（プレゼン）の実施
⑧ 価格…32.6億円、企画案（上の図）

契約制度の活用

○最低提案価格の設定
○総合評価方式（価格点と企画点）
○プロポーザル方式

売却事業の効果

1. 最低提案価格27億円を5.6億上回る歳入の確保
2. 民間による老人保健施設、小児科、歯科などの整備
3. 道路整備と史跡公園の整備（一部公費負担）
4. 分譲マンション整備による高額所得者の転入

【著者紹介】

樋口満雄（ひぐち・みちお）
　一般社団法人日本経営協会専任コンサルタント
　（元）国分寺市副市長

1950年新潟県十日町市（旧中里村）生まれ。都市銀行勤務の後、東京都国分寺市役所に入庁。会計課・財政課・職員課・介護保険課・政策経営課・政策部長・副市長を経験する中で、業務の電算化、効率化など一貫した行政改革に取組む。介護保険制度の独特の取組みは全国から注目を浴びる。平成19年度から平成26年度までの間、臨時財政対策債の発行をゼロ（発行可能額82億円）に抑える。
現職時代から自治体の人材育成に関わり、退職後は一般社団法人日本経営協会専任コンサルタントとして活動している。
専門分野は、財務会計制度、自治体の契約事務、自治体の公有財産管理、公務員倫理とコンプライアンス、事業のスクラップと再構築、政策形成と政策法務など。

【論文等】
「自治体の予算編成と施策の収支計算」『自治体の施策と費用（鳴海正泰編著・学陽書房）』1988年10月　部分執筆
「予算審議と決算認定」『地方政治と議会・21世紀の地方自治戦略（西尾勝・岩崎忠夫編集・ぎょうせい）』1993年4月　部分執筆
「公営ギャンブルの構造と自治体」『パブリック・マネー（年報自治体学会第2号・自治体学会編・良書普及会）』1990年3月　部分執筆
「介護保険の苦情相談」『実践Q&A 介護保険の苦情対応・東京法令出版』2000年10月　部分執筆

図解よくわかる自治体の契約事務のしくみ

初版発行　2019年8月26日
7刷発行　2023年4月28日

著　者	樋口　満雄
本文デザイン・イラスト	フェニックス
発行者	佐久間重嘉
発行所	学陽書房

〒102-0072　東京都千代田区飯田橋1-9-3
営業●TEL 03-3261-1111　FAX 03-5211-3300
編集●TEL 03-3261-1112　FAX 03-5211-3301
http://www.gakuyo.co.jp/

印刷所　　　　　　　　　　　　　　　　　　加藤文明社
製本所　　　　　　　　　　　　　　　　　　東京美術紙工

★乱丁・落丁本は、送料小社負担にてお取り替えいたします。
Ⓒ Michio Higuchi 2019, Printed in Japan
ISBN 978-4-313-16585-4 C2033

JCOPY　＜出版者著作権管理機構　委託出版物＞
本書の無断複製は著作権法上での例外を除き禁じられています。複製される場合は、そのつど事前に、出版者著作権管理機構（電話03-5244-5088、FAX 03-5244-5089、e-mail: info@jcopy.or.jp）の許諾を得てください。